작가 본연의 글맛을 살리기 위해

한글 맞춤법에 맞지 않는

일부 표현을 수정하지 않았습니다

간호사,
내 길인 줄 모르고 11년

간호사, 내 길인 줄 모르고 11년

김애림 지음

생각의빛

프롤로그

　나 잘난 맛에 살던 나는 간호사를 하며 병원에서 해 준 자존감 깎아주기 수업으로 인해 그 누구보다도 간호사를 관두고 싶어했다. 읊조리는 모습이 그저 바보 같았고, 나만을 위한 무언가를 해 보자며 이것저것 시도했다. 유럽 바리스타, 축구 심판 자격증을 취득하고, 커피를 해보겠다며 커피 회사에서 취직하고, 국내를 뜨겠다며 사우디 간호사를 연수도 받았다.

　물론, 이것저것 해 보면서 번 돈을 까먹기 일수였고, 공부를 하고 다른 일을 하는 동안의 생활비가 모두 간호사로 번 돈임을 깨달았다. 때마침, 회사 사정으로 커피 교육은 연기됐고, 아버지의 난치병 소식과 함께 꿈보단 현실의 길인 간호사의 길로 돌아왔다. 그 이후, 다른 분출구를 찾던 중 간호사 이야기를 SNS에 올리기 시작하였고, 조회수가 누적 400만 회를 넘었다.

짧은 동영상이라 다 들려주지 못한 이야기들과 내용들을 이해하기 쉽도록 내 썰을 풀며 모조리 알려주겠다.

현재는 서울 로컬 병원 마취과에서 일을 하고 있으며, 간호사에게 강요되는 업이 아닌 봉사라 희생되고, 강요되는 프레임에 갑갑함을 느낀다. 또한, 한 달에 30시간을 웃도는 연장 근무 속에서 이와 같은 시간과 에너지의 할당이 내 인생에서 최대효율인가 계산하며 살아가고 있다.

나는 돈을 벌려고 간호사를 한다. 간호사이기에 환자에 대하여 측은지심과 냉철함을 겸비한 직장인이다. 고된 직업을 벗어나려 발버둥 치다가 결국엔 떠나버린 사람들을 위하여, 있는 동안이나 아니면 좀 더 나아질 수는 없는지 내 후배들에게라도 만들어주려는 직장인이다. 개인적으로는, 앞으로의 독립적 김애림을 위한 발굴의 시간임을 새기고 살아간다.

고군분투 했던 나의 십년을, 다른 누군가는 참고를 하여 세월을 아깝게 보내지 말기를, 책 한 권을 통해 당신의 삶을 아끼기 바란다.

PART 1.
학생간호사

- 간호학과에 온 이유

SNS를 통해 자주 찾아오는 질문 중 하나가 적성 문제이다. 처음에는 간호사뿐만이 아니라 직업 군인이며 여러 직군에게서 앞으로 진로를 어떻게 선택할 지 물어왔었다. 지금이 편하지만 더 발전해야 할지 아니면 발전이 없어도 안정적인 지금에 머물지를 상담해 왔고, 간호학과 학생들 중에서는 메일까지 길게 써오며 나에게 물어보는 분도 있었다.

어떤 한 분 이야기를 하자면, 봉사 활동이나 남을 돕는 것이 좋아서 그런 성격의 직업을 가지려 간호학과를 왔는데, 학생이 되어서 들어보고 내 릴스를 통해서 보아하니, 강도 높은 업무를 버텨야 해서 힘들며, 실제 임상은 자신이 생각해 온 뿌듯함과 보람을 느낄 수 있는 환경이 절대 아니라고 들었다고 했다. 그런 보람을 느끼려면 봉사활동을 따로 다녀야 할 지 부모님은 전과를 권유한다고 했다.

한 사람의 진로를 결정하는 부분에 있어서 내가 어떤 말을 해 주어야 할 지 상당히 조심스러웠으며, 여러 상담을 통해 느낀 것은 사람들은 이미 정답을 알고 있다는 것이다. 내게 물어오는 것은 자신의 생각을 지지 받기 위한 확인 사살용이라는 것을 말이다.

그래서 내가 해줄 수 있는 것은 적나라한 현실을 알려주는 것이었다. 그에 따른 답은 간호사라는 직업은 건강으로 직결되는 업무를 하다 보니 봉사를 좋아하는 마음보다는 냉철함을 바탕으로 일하고 경과가 좋거나 환자 분들의 말씀 한 마디로 보람을 느끼는 직업이라고 느끼고 있다. 원하는 방향은 어찌 보면, 사회 복지 차원으로 공무원들이 직접 지역 주민을 찾아뵙고 돌보는 일이 더 가깝다고 생각한다. 가장 드리고 싶은 말은, 모든 일은 마음만으로는 할 수가 없다고 생각하며, 일은 반복적으로 처리를 해야 하는 특성상 늘 누구를 앉혀두고 다독여주고 하는 것이 아닌 것 같다. 하다못해 상담사 분들도 무조건 적인 공감이 아니라 정서를 분석하고 개선하는 방향으로 이끌어 나가는 게 초점으로 맞춰진다. 어느 전공으로 전과를 원하시는지 간호사도 무조건 체력을 요하는 임상만 있는 것도 아니고 나는 십년 동안 삼교대를 1년만 해 보았을 정도로 상근직도 충분히 있다. 남을 어떻게 도울 때 내가 뿌듯함을 느끼고 삶의 활력을 갖게 될 지도 중요한 요소가 될 것 같다. 나는 간호사라는 직업으로 수술하러 오신 분들의 긴장을 풀어드리는 말 한 마디를 나눌 때 그 의사소통 기술에서 환자 분들이 편안해 하는 것을 느끼거나 고맙다고 말을 전해주실 때 보람을 느끼고 있다.

이메일 하나를 통해 그분이 어떤 생각을 가졌을 지는 아직 답이 없어서 알 수가 없다. 나의 이야기를 어떻게 받아들여 줄 지는 모르겠지만, 쉽사리 명쾌해질 단순한 고민과 단순한 답이 아닌 것은 분명하다.

초등학생 때는 탤런트가 장래희망이었고, 따라디따따~ 집을 고쳐주는 유명한 브금을 만들어낸 프로그램이 한창일 때는 건축학과를 꿈꾸며 노트에 도면을 그렸었다. 고등학교 2학년 때까지만 해도 경영학과에 진학하는 것이 목표였다. 온갖 의대생과 한의대생, 서울대 학생들에게서 과외를 받으며 지금부터 하면 갈 수 있다는 말을 들었었다. 과외 상술에 지나지 않는 말일지 정언.

하고 싶은 게 뚜렷하지 않았던 나는 엄마께서 한국무용을 해 보는 게 어떻겠냐는 제안을 고3때 하셨을 정도였다. 눈을 한 단계 낮추어 논술 시험으로 갈 수 있는 대학으로 시선을 돌렸고, 그 전형이 있는 학교 중에서는 가장 높은 곳이 물류학과였고, 두 번째는 간호학과였다. 나의 입시 정보를 이끌어 주던 언니가 어느 날, "애림아, 물류학과 가서 잘못되면 트럭 아저씨랑 대화해야 한대!" 라고 했는데, 트럭 아저씨가 문제 있는 것은 아니지만, 대학교를 나와서 사무실이 아닌 흙먼지 날리는 도로에서 야광봉으로 지휘하며 딜을 하는 내 모습이 떠올라 흠칫 했다.

한 날은 언니와 기업 대학 병원에 견학을 다녀와서는 의대를 가겠다고 했다. 그러나 알지 않는가. 수학이 저 모양인데 의대는 무슨 턱도 없다. 고르고 고르다가 언니가 "간호학과에 가봐라. 거기 가면 안정적으로 일한다던데." 라고 말해줬다. 그렇게 나는 간호학과를 가야겠단 선택을 했었다.

그 또한 가고 싶던 4년제 대학에 떨어져서 차라리 편의점을 하려고 했다. 아빠와 상의했을 때 처음엔 오케이라고 했는데, 일주일 뒤에 졸업장은 따야 하지 않겠느냐고 언니를 시켜 내 성적으로 가능한 대학을 꼽아 그렇게 진학을 하게 되었다.

– 공강 없이 7교시

고3 시절, 난 공부를 잘한 건 아니었지만, 누구나 그러하듯 나 또한 인생에서 가장 심혈을 기울여 공부했던 시기였다. 어릴 적부터 보며 자라온 시트콤처럼 대학교만 가면 내가!! 술도 마시고, 친구들이랑 낮술도 하고, 이제 고생 끝이다 라면서 낭만의 시작을 울렸다.

개강 전부터 싸이○○를 통해 친해 진 동기들과 룸메이트 들이 뭉쳐서 보드게임을 한다던가 바다를 보러 가곤 했다. 시험 기간 일주일 전까지 꼬박 술을 마셨고, 서로 학교 모임 사이트에서 이름을 보며 네이트온 하던 친구들을 하나둘씩 만나면서 시간 보내기 바빴다.

이렇게 말하니, 내 스스로도 참으로 나이 들어 보이는 느낌이 있지만, 현재 나는 90년생 34살이다. 학생들이나 신규 선생님들에겐 까마득한 연차이지만, 나도 SNS에 카페나 맛집을 올리며 성수동을 다니고, '맛도리'라는 단어를 쓰는 정도이니 너무 늙다리 취급은 안 했으면 좋겠다.

고등학생 때는 시험을 2주 전부터 준비했기에 중간고사 시즌도 그와 비슷한 시기에 슬슬 준비를 했는데, 간호학과에서 어떤 과목을 배우는 지를 알리가 만무한 채로 입학을 했다. 내 생각 정도로는 해부학을 배우며, 드레싱하는 걸 배우고, 약물 계산 하는 것을 배우며, 친절히 대해야 하는 교양을 배우겠지 싶었다.

개강 첫 주가 되니 모든 교수님 들이 교과서와 함께 본인 소개를 하였다. 그때까지만 해도 대충 넘기는 과목 정도로 생각을 했다. 왜냐난 고등학생 때 일반 사회를 그렇게 공부했기 때문이다.

그런데, 수업을 시작하니 학과장님이라고 하시는 간호역사학 교수님께서 하루에 책 30페이지 가량의 진도를 나가는 것이다. 과제를 주마다 내주셨는데, 일명 '깜지 쓰기'를 내 주셨다. 역사학이어서 인지 암기만이 전부라는 것을 아셨던 걸까 지금에서야 그 뜻을 아는 것이지, 그때는 '왜 손 아프게 요즘 같은 시기에 깜지야? 이걸 여러 번 세 번 씩 왜 쓰냐고!!? 아, 교수님 이상하네.' 라면서 불만이 생겨났다.

이게 뭐지? 아니, 왜 나이팅게일은 통계를 만들어서 지금 내가 이걸 해야 하는 거야? 간호사이지 내가 회계학과냐고! 근육도 크게 몇 개 정도겠지 생각했는데, 믿었던 해부 생리학마저도 아름다운 전개를 펼쳐나갔다. 고등학생 때 배웠던 뉴런은 재미나게 기억하는데 말이지. 근육이 몇 개고, 뼈며 도대체 이게 몇 개야? 좋아! 그것까진 간호사 되려면 싹 알아야지! 해야 하는 게 맞아! 그런데, 세포 안에도 핵, 구, 음. 안쪽 팔 근육, 바깥 근육 다르고 인대 지지해주면서 엉덩이에도 근육이 몇 가지라고? 어머나.

엥? 약리학? 음, 왜 이게 잠깐 아는 게 아니라 전공으로 두껍게 있지? 아니, 내가 먹고 살아온 건 감기약이 전부인데 수많은 생약, 이름, 성분 무슨 책이 두꺼운 게 두 권이야? 책을 열어보니 8포인트쯤 되는 크기로 빼곡하게 사전처럼 정리되어 있었다. 내가 사람이지 이거는 무슨 법학과 학생들이나 되어야 암기되는 것 아닐까? 그리고 난 약학과가 아니라고요! 이걸 다 하는 게 맞아요? 정녕? 이거 요약 안 해주세요?

간호사가 되기로 하면서부터 봐오던 다큐멘터리에서의 간호사는 카트를 정신없이 끌고 다니면서 '제가 바빠도 환자 분들이 안 좋으실 때 간호해드리면 뿌듯하고 그렇죠.' 라며 씩씩하게 해나가는 모습이 전부였다. 그 모습 또한 모든 간호사가 아니라 그중에서 가장 어린 사람이 나와서 고군분투 하는 모습을 보여준 거라 생각했다. 나의 아름답게만 보았던 간호학과에 대한 환상이 금 가기 시작한 순간들이었다.

게다가 하루 7교시란 말이지? 공강이 없는데? 오죽하면 교수님께서 수업 사이에 쉬는 시간 10분에 불쌍하다고 5분을 추가 서비스 해주셨을까. 그러면 굶는 친구들도 있고, 빵을 사오는 동기들도 있었지만 난 그 사이에 매점으로 달려가 김밥 한 줄을 사왔다. 그렇게 그 수업 시간은 무언가를 먹으면서 할 수 있는 시간이었다.

내가 생각하지도 못한 과목들을 밀어내면서 굳이 왜 배우지 했는데, 간호사가 되어보니 정말 기본이구나 싶다. 물론, 어느 과를 배정받느냐에 따라 다르지만, 정말 기본으로 깔려야 할 기본 지식들이다.

현재 학생들은 너무나 많은 과제의 양에 토 나오도록 치이겠지만, 명심하자. 그건 곧 나의 병원, 나의 직장 수준을 결정하는 척도이다. 토익이며 다른 건 둘째 치더라도 성적이 좋아야 원하는 병원에 갈 수 있는 것은 사실이다.

우리나라는 외국과 달리 로칼 병원에서 상급 병원으로 가는 시스템이 아니라 상급 병원을 나오면 로컬은 수월한 수순으로 이어진다. 로컬에서 대학병원 가기란 계약직 정도면 몰라도 정규직은 녹록지 않다.

물론, 전교 1등이 일 또한 척척 잘하는 건 아니다. 그러나 병원에 지원자가 몰리면 구분할 수 있는 것은 성적뿐이다. 게다가, 교직을 따내고 싶으면 소수 정예인 간호학과에서 공부는 필수이다.

타 직종에 비하여 공부를 중간만 해도 취직이 곧 잘 되는 학과임은 분명하다. 그러나 내가 고를 수 있는 것과 그것 밖에 고를 수 없는 것은 엄연히 다르다.

누군가는 애초에 힘든 곳에서 고생할 생각이 없을 수도 있다. 그런데, 일 잘하고 쉽게 하는 팁을 미리 알려주자면, 모두에게 처음은 늘 어렵고, 비교 대상이 없을 때 뭣 모르고 이게 당연한가 보다 라고 시작하는 것은 앞으로의 간호사 생활에 큰 근간이 된다.

'간호사를 하면 수 선생님은 해야 하지 않나?' 라는 생각이 있다. 그런 사람이라면 어느 병원에서든 모인 사람들을 리드하려면 일적으로 경험이 다양해야 한다. 하나라도 더 알아야 장을 하지 않겠는가.

난 학생 때 이런 사실들을 눈치 채지 못했기에 꼭 말해주고 싶다. 수 선생님이나 진급은 관심이 없고, 그냥 적당히 월급 받으며 다니고 싶다면, 내가 별말은 하지 않겠지만, 회사는 내가 늘 막내인 것도 아니며, 내가 더 아는 것이 있으면 선배의 시야로 부터 자유로워지는 것도 있다. 무작정 가더라도 도착만 한다면 그만인 사람이 있겠고, 나 같은 경우는 한번 가본 길이라거나 어디로 해서 어디로 가라고 안내를 들어본 적이 있는 길을 가는 게 더 수월하니 선택하는 편이다.

난 처음에 3년제를 다녔는데, 취업을 염두에 두면서 도립 의료원에 봉사를 다녔고, 눈도장을 찍으러 방학 때마다 봉사 활동을 다녔다. 졸업 후 오겠다면서 내 집 드나들듯 수술실 탈의실에서 동생과 거즈를 접었었다. 여러 번 다니다보니, 신체 검진실에서 안내하기도 하고 병동에 배정 받아서 주사기를 하나씩 뜯어서 정리하기도 했다. 그때 병동 선생님들을 보면서 나와는 안 맞겠다는 생각을 어렴풋이 하기도 했다. 아마, 수술실은 연차 높으신 선생님들이 아이 보듯 대해주었고, 병동은 어린 선생님들이 많아서 그렇게 느낀 것일 수도 있겠다.

그러나 나의 첫 취업 지는 도립 의료원이 아니었다. 대학교 3학년 때 취업 시즌이 되니, 여름부터 동기들의 합격 소식이 들려왔다. 도립 의료원 공고는 후년 1월이었고, 공고만 나서 쓰면 면접은 하이패스라고 했는데, 왜인지 모르게 괜스레 불안해졌다. '왜 이리 쫄리지?' 라며, 학교를 돌아다니다가 지나가는 아이들이 '어느 병원이 마감 내일까진데, 성적을 많이 안 본대!' 라고 하는 것이다. 마침 그 병원은 내가 자란 지역에 대학교가 있는 곳이라서 난 근자감으로 접수를 하였다. 물론, 동네에 있는 대학 병원에 지원을 안 해본 것은 아니다. 서류 접수에서 광탈을 맛보았을 뿐이다. 그렇게 얼떨결에 난 서울에 있는 병원에 지원했고 합격했다.

이 때, 동네에서 안빈낙도하려던 나는 가족들과 상의를 했다. 내가 하고 싶은 대로 내버려두는 엄마는 어떤 결정을 내릴지 지켜보셨고, 아빠는 나에게 집은 언제든지 올 수 있으니, 나가서 한번 살아보는 게 어떻겠냐고 하셨다. 그렇게 난 큰 고민 없이 단순하게 서울 생활을 시작했다.

PART 2.
신규간호사

-신규 첫 입사 날, 탈의실에서 한 다짐

내가 간호사 일을 처음 시작한 병원은 3차 상급 종합병원은 아니지만, 대학교에서 운영하는 병원이었다. 그래도 대학 병원으로 나름 치부하면서 좋은 지역으로 출퇴근한다는 들뜸과 진정한 간호사가 됐다는 걸 실감나게 해 준 곳으로써 삶에 임팩트가 있는 곳이긴 하다. 게다가, 꼴에 대학 기관이라고 '나 대병 출신이야.' 라면서 나름의 자부심으로 살아가기도 한다. 내 경력 중 꼴랑 1년 반 근무했지만, 첫 시작이라는 의미부여 때문인지 난 일한 적 있었던 곳이 아니라 그곳의 출신이라는 느낌으로 살아가기도 했다.

난 대학교 졸업 앨범을 받지 못했는데, 그 이유가 졸업식과 병원의 신규 입사자 연수 날짜가 겹쳤기 때문이다. 졸업은 참석하지 않아도 되는 것이니 나는 회사 오리엔테이션을 선택하는 게 당연했다.

그래서인지 살 떨리는 이야기지만, 연수원에 도착하자마자, 국시 합격 발표가 났었고, 국시에 떨어져서 두 명은 다시 집으로 돌아가는 일도 있었다.

용인이었는지 어딘지 기억이 나지는 않지만, 병원 앞에 모여 관광 버스로 이동을 하였고, 그 연수원에서 3박 4일의 시간을 보냈다. 재미 있는 사실은 그 때 한 방에 세 명의 침대가 있었는데, 그중 한 명은 지 금까지도 모임을 하고 있는 동기 다섯 명 중 하나이다.

전국에 이 대학교 병원의 신규 간호사들이 다 모인 연수원이라는 곳에서 회사 사명 등 동영상을 보는데, 그러라고 만들어진 영상이어 서인지 난 꼭 내가 무언가 된 듯한 느낌이 들었다. 더군다나, 자 대학 교가 내가 살던 지역에 있기 때문에 무척이나 감회가 남달랐다. 결코 그곳의 잘생긴 의대생 과외 선생님이 생각나서는 아니었다. 하나 덧 붙이자면, 일할 때 레지던트가 그분과 동기라면서 결혼했고 어느 과 를 갔다는 소식까지도 들을 정도로 뭔가 나에게 연고가 있는 것만 같 은 곳이었다.

출근 첫 날, 수술실로 출근한다는 것이 어찌나 설레었는지 모른다. 왜냐하면 빨간 글씨로 '관계자 외 출입금지'라고 표기된 곳을 들어갔 기 때문이다. 밥 먹으러 가려고 나올 때면 수술방 문 앞에 앉아 계시 는 보호자 분들이 쳐다보시는데 왠지 모르는 짜릿함이 든 것도 사실이다.

수 선생님의 소개에 따라 교수님들께 각 잡아 인사를 하고, 프리셉터 소개를 받으며 첫날은 그렇게 일이라기 보단 소개하고 환경을 보는 시간이었다.

와~ 이제 수술실 간호사 라이프 시작이구나, 내가 교수님들 수술에 들어가서 일하는 구나, 라며 모든 게 신기해하고 어리둥절해 하다 보니 퇴근 시간이 되었다.

다 같이 모여, 퇴근하려고 탈의실에서 옷을 갈아입었는데, 그때 그 순간은 내 인생에 아주 큰 영향을 미쳤다.

4년차 선생님께서 조금 늦게 안 좋은 표정으로 들어왔는데, 그 날이 월급 날이었나 보다. 자기 동기는 우리 병원에서 몇 정거장 떨어진 로컬 병원에 다니는데, '나보다 월급이 더 많아~ 이럴 거면 나도 거기 갔지. 내가 여길 왜 다니고 있는 거야.' 라고 하였다.

그 말을 들으며 가장 놀란 것은 로컬보다 작은 대학 병원이라는 사실이 아니라, 4년 차가 되었는데도 회사에 만족을 못하고 있다는 것이다. 그곳에서 4년이란 시간을 보냈으며, 내가 여기서 시간을 보낼 경우에 그게 곧 나의 미래이지 않는가, 내 미래가 저렇게 형편없다고? 있어서 좋은 곳이 아니라 있어 봤자인 곳인 건가? 페이도 그닥인 것 같은데, 안 되겠다. 내 미래가 암울하게 둘 순 없어! 1년만 버티고 관두자! 라는 결심을 출근하자마자 하게 된 것이다.

끝을 알고 간다는 것은 무모할 거라 생각하지만, 내 기준에서는 내가 처음 발 들인 곳에서 끈기 있게 한다는 것은 앞으로의 나를 위해서도 매우 중요하다고 생각했다. 게다가, 학생 때 늘 교수님들께서 해주신 말씀이 있었는데, 보통 선배들이 1년도 못 버티고 관둔다는 것이었다. 초등학교도 6년을 다녔고, 중고등학교도 3년씩이나 다녔는데, 대학 4년을 다녀놓고서 왜 1년도 못 버티는지 이해할 수가 없고, 신기했다.

그래서 1년은 내가 할 수 있다는 것을 나 스스로에게 보여주려 했고, 내가 나약하지 않다는 것과 앞으로의 시간 낭비를 하지 않기에도 1년이 딱 적절한 기간이라 생각했다. 물론, 이제 취업을 했기 때문에 어딘가에 또 취직을 하는 게 무모하다는 생각도 했다.

그래서 난 1년 차를 채울 무렵, 빅3 병원에 이력서를 내었다. 국내 내놓으라 하는 대학교의 내놓으라 하는 병원에 이력서를 지원하는 것은 그저 까무러치기였다. 그때 꼴에 내가 경력직이라고 생각해서 공고를 본 것이 외래 계약직이었다. 그때 면접관님께서 왜 그 병원도 좋고 정규직인데, 우리 병원에 계약직으로 오려고 하냐는 것이었다. 지금은 떠돌이개로 보았기 때문에 정곡을 찌르는 질문이라고 생각되지만, 그 당시에는 '어랏, 왜 이렇게 좋은 곳에서 저자세로 나오지?' 싶었다. 나의 대답은 당연히 국내 좋은 병원이기 때문에 이곳에서 일하는 것은 나에게 좋은 기회가 된다고 생각했다. 보기 좋게 뚝 떨어졌는데, 회사는 기회라는 말을 싫어한단다. 게다가 다른 면접자들의 스펙이 화려한 것도 있었다.

1년 차가 되자마자 사직 의사를 밝혔으나, 어느 병원이나 그러하듯 수리되지 않았다. 그렇게 반년이나 질질 끌려 다니다가 1년 7개월의 근무를 마쳤다.

−잃어버린 나사 하나

　신규 때부터 부서가 마취과였던 것은 아니다. 마취과와 늘 함께하는 수술실의 스크럽이 나의 첫 번째 부서이다. 드라마에서 의사가 "석션!"이라고 말하면 석션기를 손에 쥐어 주는 사람이 바로 스크럽 간호사이다.

　스크럽 업무를 간략히 말하자면, 밥상을 차리고 밥을 먹도록 하는 것과 같은 이치로, 숟가락 대신에 수술 기구들을 챙겨야 하고, 예약 손님이 도착하면 바로 드실 수 있도록 상을 차려야 하듯이 난 교수님께서 8시 반에 오신다고 하면 8시에 환자 분이 침대에 눕히는 것을 보고, 수술 상을 차리기 시작했다.

　환자가 도착하고 나면, 수술실 침대로 환자를 이동을 시킨 뒤에 이동 침대가 빠지면, 그때서야 내 키에 맞는 발판들을 깔아두고 손을 씻어야 했다. 손 씻기는 집에서 화장실을 쓰고 물과 비누로 헹구는 것이 아니라, 베타딘이라는 흔히 우리가 아는 빨간 소독약으로 브러시를 통해 한 손에 여러 번 솔질을 하여 그것을 세 바퀴 반복하여 헹궈 내야 한다. 빨간 소독약에 대해 말해주자면, 솝이 있고 일반 용액이 있는데, 솝은 손 씻을 때, 일반은 환자 몸을 소독할 때 쓰인다. 아포지 제거라고 해서 손에 있는 균들을 죽여주는 역할을 한다.

이 손 씻는 것을 하다 보면 속도가 늘지만 처음에는 그것만 해도 5분을 잡아먹었다. 심지어 올바르게 씻는지 옆에서 지켜보기 때문에 솔을 꺼낼 때부터며, 브러시를 한 번 아래로 닦았으면 다시 같은 방향으로 닦기 위해서는 솔을 손에 부착하여 지그재그 솔질을 하는 게 아니라, 떼고 나서 위에서 다시 아래 방향으로 해야 한다. 그때마다 손을 떼지 않았다면서 선배가 말하면, 곧 오염으로 간주되어 다시 씻어야 했다. 마음이 급해서 씻다가 솔을 놓치기라도 하면 새 솔을 꺼내어 다시 처음부터 그 과정을 반복해야 한다. 덕분에 나는 손 씻기로는 어딜 가도 욕먹지 않을 기본기를 몸에 익혀 두게 되었다. 옳지 않으면 다시! 다시! 이 말이 혹독한 것 같아도 몸이 기억하는 바는 소스라치게 놀라운 결과로 만들어 준다.

솔질이 모두 끝나면 손은 손가락이 위로 향하게 하여 수술 방으로 들어간다. 그래서 수술 방들은 문 아래에 보면 늘 발로 밟을 수 있는

센서가 있는 것이다.

수술 기구를 상에 펼쳐둘 때 물이며, 소독되었어도 장갑을 끼지 않은 손은 완전한 무균이라고 할 수 없다. 그래서 타월을 상 끝에 포셉자로 걸쳐두는데, 무릎을 구부려서 손가락 방향이 위로 가도록 하여 타월을 집는다. 이 과정에서 팔꿈치 쪽의 물이 손가락으로 향하는 것도 오염으로 간주된다. 물론 전체 소독 샤워를 하지 않았기 때문에 팔꿈치까지 씻었어도 그 근접 부위는 완전한 무균 지역이 아니라 세미무균으로 간주되기 때문이다. 그래서 팔꿈치에 있는 물이 손으로 흘러가도록 하는 것을 막기 위한 방법이다.

타월로 손을 말리고 또 걸쳐져 있는 수술 가운을 입고, 장갑을 착용한다. 이 과정은 4분 안에 이루어져야 하며, 가운을 입고 장갑을 착용하여 수술복 착용이 완료가 된 시점부터 교수님께서 수술 방으로 입장 하실 때 까지 남는 시간은 단 10분이다. 내가 상을 차리는 동안 레지던트나 PA는 환자 수술 부위를 소독하는데, 수술 상은 스크럽 간호사의 것이므로, 그분들에게도 내가 가운을 주고 글로브를 껴드리며 상을 차려야 한다.

혼밥하듯이 밥 그릇 하나에 숟가락 하나 대충 푹 찔러 준비할 수 있는 것은 여드름을 짜는 것 외에는 없다. 예들 들어, 양식을 먹을 때 포크만 5-6가지, 나이프도 버터나이프 부터 5-6가지이듯이 수술에 쓰이는 기구들은 기본적으로 12가지를 기점으로 여러 개가 더 뻗어져

나가 추가된다.

가장 신규들이 혼동되기 쉬운 기구들이 있는데, 그것은 모스키토와 헤모스테이트, 켈리이다. 켈리는 그나마 크고 뚱뚱한 편에 속하지만 모스키토와 헤모스테이트는 엄연한 차이가 있다. 이 세 기구는 얼핏 보면 세 개는 비슷하게 생겼는데 크기와 앞의 뾰족함이 다르다. 이것을 빠른 수술에서는 구분하여 잘 드려야 한다. 지금은 완전한 차이를 이해하지만, 모르는 것 투성이인 신규 시절에는 생소한 것이 이것뿐일가, 모든 것이 낯설다.

그래서 기구들을 바를 만들어 세워서 두어야 꺼내기도, 구분하기도 편하다. 또 그래서, 바를 단단하고 촘촘하게 만들어야 쓰면서 흐트러짐이 없다.

전기 기구들은 거즈에 생리 식염수를 묻혀 테스트를 하여 지지직 소리가 나서 작동을 하는 지 확인해 두어야 한다. 소금물이 전도체 이므로 일반 증류수를 묻히면 테스트가 쉽지 않다는 것도 팁이다. 교수님께 기구를 줄 때 선들이 꼬이지 않게 하려면 내가 가지고 있는 수술 상 외에 자그마한 직사각형의 소파 테이블 같은 것을 메이요 상이라고 하는데, 그 상의 둘레에 맞추어 선을 정렬시켜 두어야 한다. 그리고 그 줄들을 고무줄 하나로 오염이 되지 않는 범위로 다시 환자 몸 소독 부위에 맞추어 준비해 두어야 한다. 그 범위 또한 아래로 내려갔다가 위로 올라오면 그것은 오염이다.

이렇게 따질 것을 따지며 준비를 하다 보면, 교수님께서 도착하는데, 수술 과정을 다 외우거나 필드를 보면서 뭐가 필요한지 적재적소를 맞추어 바로 건네주는 것이 스크럽 간호사의 꽃인 업무를 하는 것이다.

이 과정을 이해 없이 머리로만 외우던 나에게는 한번이라도 순서가 틀리게 되면 머리가 하얘져서 다음 순서가 기억이 나지를 않았다. 그렇게 암흑이 찾아와 버퍼링이 오면 교수님은 소리를 질렀고, 선배는 째려보는 게 나의 신규 일상이었다.

서당개 3년이면 풍월을 읊는다고, 틀린 말이 아닌 것이 마취과에서 연차가 쌓이고 수술실에서 일을 하다 보면 수술을 볼 수밖에 없는데, 과정들이 이제는 짐작이 가능하고 외우지 않더라도 필요한 다음 기구들을 예측하여 골라줄 수 있는 눈이 생겼다. 신규 선생님들에게 해주고 싶은 말은 겁먹지 말라는 것이다.

수술의 원리는 인형 뱃속에 검은콩을 꺼내는 것과 같다. 열어야 하니 칼로 배를 가르고, 그 속에 솜이 촘촘하면 다른 기구들로 다른 조직을 잡고서 가위로 헤쳐낸 뒤, 콩을 꺼내면 그 부위를 세척해주고 다시 닫아서 꿰매는 것이다.

순서보다는 이 수술을 왜 하는 가에 대해 생각하면 당연한 과정들이 생각 날 것이다. 비유를 하나 더 하자면, 귀를 파는 자신을 상상 해보자. 그러려면, 귀이개를 준비해야 하고, 깨끗하게 하려면 소독을 해서 준비해야 하며, 요즘은 다들 장갑을 많이 착용하니 장갑도 끼고 귀를 판다. 귀를 팔 때 면봉과 귀이개를 쓰듯이 수술 기구들을 사용하고, 다 파고 나면 우리는 귓밥을 버리지만, 사람 몸에서 나오는 것은 어떤 것인지 정밀 검사를 하기 위해 모아서 검체로 보내기도 한다. 과일이나 고기를 상온에 두면 상하듯이 사람 몸에서 꺼내 진 조직도 상하고 변질되기 때문에 그것을 막기 위해 포르말린이라는 고정 용액에 담아서 보낸다. 그 용액은 위험하기 때문에 우리는 위험 물질 관리법도 알아두어야 하고, 보호 장구를 착용하는 방법들을 숙지하여야 하는 것이다.

그렇게 수술이 끝나면 사용했던 작은 수술 기구나 준비물들이 혹시나 환자의 몸에 들어갈 수 있다는 것은 염두에 두어야 한다. 그래서 거즈들에는 바륨 선이라고 해서 혹여나 환자 몸을 다 닫았을 때 엑스레이로 찍어서 확인할 수 있는 파란 선이 넣어져 바륨 거즈를 사용하거나, 탭이라고 해서 더 큰 거즈에 고리가 달려 있어서 링을 걸어 사용하기도 한다.

이것들이 환자 몸에 들어갔거나 쓴 기구들을 잃어버리지는 않았는지 확인하기 위해서 스크럽 간호사를 처음에 상 준비할 때부터 환자 몸을 닫을 때, 닫고 나서 계수가 같은지 확인을 하며 은닉하거나 혼동하지 않으며 정확한 확인을 하기 위해 다른 순환 간호사와 더블 체크를 한다.

수술 때 사용하는 바늘이 달린 실 상품 중에 바늘도 눈에 보이지 않으며, 실 또한 머리카락 보다 가는 경우가 있는데, 그런 것들 또한 어디 빨려 들어가지 않았는지 깍지부터 바늘 숫자를 확인하여 한 군데에 메스와 바늘을 모아야 한다.

실은 수술 상황에서 또 쓸 수도 있기 때문에 한쪽에 모아두었다가 더 이상 사용하지 않을 수술 마지막 순서에 칼날이 있는 곳에 바늘을 두고 실을 잘라, 실은 따로 버려야 한다. 그래서 이것은 수술이 다 끝나고 처리하는 것이 가장 안전하다.

특히, 내가 그 당시 했던 수술은 복강경 수술이었는데, 배에 구멍을 뚫어 이산화탄소 가스로 배 용적을 부풀려서 기다란 기구들을 넣어서 화면을 통해 내시경처럼 보면서 하는 수술이다.

씨 잡이와 기다란 기구들은 일체 형으로 보이지만 핸들과 기구대를 조립해서 사용하고, 사용 후에는 다 분리하여 소독을 돌려야 했다. 그것들을 잇는 나사까지 있기 때문에 수시로 조작을 해야 하는 방식이었다.

그 날도 어김없이 나사 하나하나 다 있는 지 확인해서 나왔고, 여사님이 그대로 세척을 해주시면 세척 실 한 켠에서 수건으로 말린 뒤, 에어건을 쏘아서 기구 안과 틈새에 남은 물기를 다시 닦아 조립을 했다.

문제는 수술실에서 기구를 갖고 나올 때만 해도 있었던 나사가 안 보이는 것이다. 선배님께서도 다 확인했는지 재차 묻기 때문에 한 번더 확인하고 기구들을 개수대로 옮겼는데 말이다.

여사님께서 세척을 해주시는 동안 나는 수술 기록지를 작성하고 있었는데, 여사님을 의심할 생각조차 없는 것이 늘 신규 간호사들을 엄마처럼 달래주시면서 도와주시기 때문이다. 그날은 잘하고 있는 내가 대견스러웠는지 선배가 수술 기구 정리를 해 주었다.

그러던 중, 선배가 멀리 준비실에서 수술 기록지를 작성하고 있던 내 이름을 불렀다. "애림!!!! 나사 하나 어디 갔어?? 제대로 확인 한 것 맞아?" 나는 당연히 확인하고 나왔으니 어리둥절하며 확인했다고 밖에 말할 수가 없었다.

신규는 스스로는 완벽하다 생각해도 착각을 할 수 있는 바가지가 새는 시기이다. 그래서 선배들은 내가 제대로 확인 하지 않고 넘겨 집어 말하는 것이라고 생각했다. "당장 찾아와!" 라면서 불호령이 떨어졌다. 난 분명 다 확인했는데, 선생님이 없다고 하니 무슨 수가 있을까, 내가 할 수 있는 것이라곤 오로지 방을 다시 뒤지는 것뿐이었다.

그런데 아무리 방을 샅샅이 찾아보아도 없어서 혹시나 준비실에 떨어진 건 아닐지 다시 가보았다. 그때 내가 온 줄 몰랐던 선배가 하는 말이 나사 찾았는데, 애림이한테는 말해주지 말라고 하는 것이다.

내가 잃어버린 것도 아니고 세척실에서 떨어뜨리고 못 찾은 것을 나한테 덤탱이 씌우다니, 그 때의 내 심정은 '날 괴롭히려고 하네.' '날 태우네.'라고 생각하며 막막하면서 무서운 것이 아니라 태우려고 작정을 하는구나 싶어서 외람되지만 한심스러웠다.

깡다구가 어마무시한 나는 그 당시 적당히 찾는 시늉을 해야겠다고 생각했다. 쫄릴 것 없이 마음이 편한 채로 이 방 저 방을 돌아다니면서 심각한 척 미간에 힘을 주며 다녔다. 오히려 이걸 찾는 다는 핑계로 다른 일들을 안 하고 있었더니, 선배가 와서 찾았다고 다음부터는 관리 잘하라고 했다.

이건 뭐 기강을 잡는 건지, 속일 거면 나도 모르게 완벽하게 하던지 왜 저렇게 사람들이 꼬였을까 싶었고, 참으로 한심하기가 그지없었다. 이게 얼마나 안 좋은 효과를 일으켰는지 그 뒤로는 내가 무서워하고 일 배우고 싶어 했던 선생님의 그릇이 조박만 해 보였고, 그 어느 하나 내가 존중하고 배울 만한 인물이 없다는 생각으로까지 이어졌다.

물론, 나보다 일을 잘하지만 인성적으로는 내가 따를만한 리더가 없는 것으로 보였고, 그 좁은 세계가 전부인 줄 알고 그저 후배를 억누르려고만 하는 것도 불쌍해 보였을 뿐이다.

이 사건을 되뇌며 깨달은 것이 나의 이직 포인트는 늘 배울 게 없을 때 떠나는 것이어 왔다.

-넌 스크럽할 손이 아니야

집에 텔레비전이 있다면, 그리고 의학 드라마를 한번이라도 본 적이 있다면, 의사가 "메스!" "석션!" 하는 것을 보았을 것이다. 그때 기구들을 쥐어주는 역할이 바로 스크럽 간호사이다. 수술 중에 의사 옆에서 기구를 주는 간호사 말이다. 단편적으로 보았을 땐, 달라는 기구를 전해 주는 사람으로만 비춰질 뿐이다.

그러나 그 직업은 참으로 난이도가 상에 준하는 수준이다. 일단, 수술 기구의 이름을 알아야 하는 것은 물론이거니와 수술 중에 옳은 순서대로 신속하게 기구를 전해 주려면, 수술 과정을 알아야 하며, 그러려면 해부학도 알아야 한다.

그래서 스크럽 트레이닝을 시작하면 천천히 하는 수술로 시작하여 손을 익혔고, 신속함이 생명인 5분 만에 아기를 꺼내는 제왕절개 수술을 거쳐, 전자궁 절제술을 배우게 된다. 그러다 보면 어느덧 1년차를 넘기게 된다. 그렇게 2년 차가 될 무렵에는 암 수술을 배우기 시작한다.

나의 첫 수술 데뷔의 집도의는 서울대 출신 교수님이셨다. 감사하게도 성격이 호탕하시고 느긋하셔서, 수술의 기초를 알기에 충분히 부담 없을 좋은 분이시고, 그렇기 때문에 신규 간호사들의 교육이 시작되는 분이기도 하다. 스크럽 일도 일이지만, 수술 기구를 직접 발명하셔서 특허를 내길 즐기셨기에 배울 점도 많은 수술이다, 예를 들어, '닥터A스크류'라는 이름으로 지어진 간단한 기구부터 전기를 사용하는 기계까지 만들어 내셨고, 모든 기구들은 버려짐 없이 수술 하나하나 모든 케이스에 필요로 요긴하게 사용되었다. 이 점만 보아도 그냥 무조건 만들어 내는 것이 아니라 수술에 도움이 되도록 개발하신다는 것을 알 수 있다.

전문대 출신인 나로서는 "서울대 출신 의사랑 수술을? 이 기구들을? 내가 이런 일을 하는 사람이라고?? 와~ 나 성공한 거 아니야? 내가 이렇게 대단한 교수님과 수술을 함께 할 수 있다니!" 생각할수록 뽕이 차오르는 순간들이었다. 난 서울대를 나오지 않고도 서울대 출신과 함께하는 그 수술이 매번 즐거웠다. 내가 곧 서울대인도 아닌데, 왠지 모를 날로 먹은 것만 같은 느낌이랄까 정말 어린 나이다운 들뜸이었다.

많은 기구 들을 초록 포 위에 착착착 가지런히 정렬시켜 두었을 때의 기분 또한 마치 햇살 좋은 날 빨래를 널어두고, 볕 잘 드는 창가에서 상쾌한 산들바람을 마시며 커피 한 잔 하는 듯한 느낌을 주었다.

그걸 교수님께서도 느끼셨는지, 수술실 회식이 아닌 외래와 몇몇만 부르는 회식 자리에 나를 불러주기도 하셨다. 그러나 신규로서 선 넘는 자리인 것인지, 아직은 내가 갈 짬이 아니라고 생각들을 하셨는지 나를 데려가 주는 선생님은 없었다.

후에 시간이 지나면서 알게 된 것은 내가 그 교수님 수술을 많이 들어갈 수 있었던 이유가 늘 많은 기구를 사용하시기 때문이었다. 다른 경력자 선생님들은 좁은 상에 이것저것 펼쳐놓고, 온갖 기구들을 계속 쓰며 수술 시간 또한 길어지는 것을 싫어했던 것이다.

그 사실을 알고 나서 선생님들이 못 됐다거나 괘씸하다는 생각은 들지 않았다. 내 아량이 넓은 것이 아니라 나는 오히려 심도 있게 수술을 배울 수 있고, 파고들 수 있는 방식이 좋았고 맞았기 때문이다. 난 이해를 해야 외워지는 편이기에 그러했다. 수술을 위한 다각적인 접근법에는 관심 없고, 빨리 해치우고 나오는 것에만 초점이 있는 선배들이 안타까웠을 뿐이다. 내가 남들의 가치관과 인생을 어찌해라

할 수는 없지만, 개인적으로 그런 생각이면 연구 기관인 대학 병원이 안 맞는 게 아닐까 싶다.

서울대 교수님 다음으로 자주 들어갔던 수술은 B교수님 수술이다. 성격이 얼마나 까칠하신지 내가 수술 상을 준비하기도 전부터 이미 손을 닦고 들어오셔서 관찰을 시작하신다. 그렇게 되면 원래도 넉넉하지 못한 준비 시간이 더욱 타이트해질 수밖에 없다. 수술을 준비할 때는 두 개의 상을 세팅한다. 하나는 티 테이블처럼 생겨서 환자 몸 위에서 바로 기구를 주는 메이요 상이고, 다른 하나는 라운드 카라고 불리며 모든 수술 도구들을 비치해 두는 큰 수술 상이다. 모든 순간이 오염과 감염에 조심하여야 하기 때문에 교수님이 보는 앞에서 준비하는 것은 더욱이 부담스럽고 땀이 쥐어지는 상황이다.

수술이 시작되면, 교수님의 예민함은 기민함을 얹어서 눈은 날카로워 지며 "씨저. 보비. 씨저."라며 수술 기구들을 절도 있고도 민첩하게 말할 때면, 난 1초의 망설임도 없이 손에 쥐어 드려야 했다.

'모든 수술이 그렇게 바로 쥐어 드려야 하는 거 아닌가?' 라는 생각을 할 수 있다. 그러나 예민이라는 말이 붙은 이유가 있다. 전기 기구들의 뒤에는 전기 케이블이 달려 있다. 그 줄을 손등에 걸리지 않게 쥐어 드려야 하며, 포트라고 일컫는 수술 구멍에 바로 넣을 수 있도록 해야 한다. 시저를 달라고 할 때는 기구만 주면 되지만, 전기 기구는 연결된 줄까지 도르래처럼 걸리지 않게 순서에 연결되도록 신경 써야 하기에 글로써는 단순하지만, 지금 입으로 읊어보자. "씨저, 보비, 씨저." 더 빨리 2배속, 3배속으로 최대한 빨리 씨. 보. 비 해보아라. 그 거다! 그 속도로 내 손이 움직이면 된다.

그 박자를 놓치는 순간, 교수님은 정말로 눈으로 욕을 하신다. 요즘에서야 눈으로 욕한다는 말들이 코로나 마스크 덕에 만연해졌지만, 십 년 전 난 그게 무엇인지 알게 되었다. 그리고 교수님은 두 번은 참으시는데, "결국엔 이게 이렇게 어렵나? 두 가지만 주면 되는 건데 그 두 가지가 어렵냐고요."라며 젠틀하게 존댓말로 화를 내신다. 그 모습은 성격이 이상해 보이는 게 아니라 정말로 무섭다. 난 사람을 잘 안 무서워하는 편인데, 의사 중 아니 사람 중에 유일하게 무서웠다.

그래서 B 교수님 또한 모든 선배들이 기피하는 분이었다. 3년 차가 들어가도 혼나며 나오는 수술이기에 선배가 스크럽으로 들어갈 때면, 아래 연차는 그 방에 들어갈 수가 없었다. 왜냐하면 선배도 창피해서 그 모습을 들키고 싶지 않기 때문이다. 보아봤자 서로가 낯뜨거워질 뿐이다.

그런데 희한하게도 난 그 분이 좋았다. 이게 무슨 또라이 같은 말이지 싶을 거다. 가족을 팔아서 미안하지만 나에겐 그저 우리 언니 같았다. 간략히 언니에 대해 말하자면, 정말 친하지만, 어릴 적 바보라고만 해도 '이게 미쳤나! 어디서 언니한테 바보래?' 라고 하는 성격이었다. 지금은 무척 사랑한다. 하지만 어릴 때 아니다 싶은 건 바로 잡아

주는 군기 반장이었다.

그래서 그 교수님께서 아무리 뭐라고 하셔도 내가 잘못했으니 말해 주시는 거라는 생각으로 이어졌고, 더 잘해야겠다, 완전해질 수는 없더라도 군더더기는 없는 사람이고 싶었다. 난 전혀 기분이 나쁘지 않았다. 여기서 포인트는 그 분은 말에 감정을 섞지 않는 것이다.

다른 교수님들은 어떠하냐고? 버럭하는 건 기본이고, 내가 신규 시절에도 아니다 싶었던 게 있는데, 수술마다 꼭 레지던트 하고 만 해외여행 이야기를 하고, 부모님이 어디 임원이라는 둥 물어보면서 뭔가 내세우는 듯한 이야기들만 늘어놓는 분이 계셨다. 자격지심이 아니라 분명한 태움이었다. 나에겐 수술 기구만 말한 뿐, 절대 아무런 질문도, 아무런 말도 없었다. 자격지심이라 믿고 싶지만, 그 당시 우리 부모님은 수출 중소기업을 운영하셨었기에 임원이 그래봤자 회사원이지 라는 생각이 들었고, 지금 생각해도 어처구니가 없는 행동이다.

또 다른 분은 수술 중 막히는 부분이 있으면, "얘! 언니한테 해 달라 그래." 라면서 간호사를 무시하는 발언을 일삼았다. 수술은 엄청 못하고 적어도 내 기억에 10년이 넘는 경력의 교수님인데, 수술마다 본인이 쫄려서 짜증을 내는 스타일이었다. 의사 욕을 하고 싶은 게 아니다. 현장에서 혼내시는 분이 의사이다 보니 어쩔 수 없는 상황들이다. 궁색하다는 생각이 들기도 하겠지만, 태움의 문화에 익숙한 가스라이팅적 생각이라고 판단한다.

한 분은 수술할 때 계속 존댓말로 무시하듯이 기분 나쁘게 말하는 재주가 있는 분이었다. 기구를 본인이 던져 놓고, 없다고 하니 화를 크게 내셨는데, 얼마나 서럽고 자존감이 깎이는지 수술 내내 마스크로 눈물과 콧물이 흘렀다. 그 날은 여섯 시간 째 수술을 하는 중이었는데, 누가 보아도 심했다는 생각이 들었는지 무섭던 선배님들마저, 내 입에 사탕까지 넣어주며 눈물을 닦아주실 정도였다. 그리고 귓속말로 "울지 말고 눈물 넣으라."고 하시며, 수술 후에 해주신 말씀이 그 분 앞에서 "울면 지는 거라고, 절대 울지 말라."고 하셨다.

또다른 복병은 레지던트 쌤이었다. 새로운 신규만 오면 태우기로 정평이 나 있는 분이었는데, 무서운 게 아니라, 어찌나 인성이 저리 글러 먹었을까 안타까울 정도인 사람이었다.

이러한 현장 속에서 우여곡절 끝에 나는 제왕절개 수술을 트레이닝 받게 되었다. 배에 칼을 대는 순간부터 아이가 꺼내지기까지 허락된 시간은 단 5분, 엄마 배의 피부부터 시작하여 피하, 근막, 근육을 열면 자궁이 보인다. 그 자궁 층은 또한 3겹으로 되어 있다.

배를 열 때와 자궁을 열 때는 칼의 종류가 다르다. 메스는 적용 시키는 조직에 따라 날카로움 정도가 달라서 여러 번호가 있기 때문이다. 그래서 자궁을 열 때는 다른 메스를 급하게 바로 쥐어 드려야 한다. 이 때에, 한번 메스로 긁고 한 번 더 메스로 여는 교수님이 있고, 두 번째에 바로 시저를 쓰시는 분도 있다. 그래서 과정 스타일은 메스-메스-시저 이거나, 메스-시저인 분들이 있는 거다. 이때의 종류가 달라지는 이유는 아이 얼굴이나 몸에 자칫하면 상처가 생길 수도 있는 위험을 우려해서이다.

이 자궁을 열면 의사가 손을 넣어 아이 머리와 목을 잡고 뺀다. 그때 잘 안 나오면 자궁을 더 열기도 하고, '바큠'이라는 것으로 아이 머리에 석션으로 압력을 걸어 뚫어 뻥처럼 꺼내는 경우도 있다. 이 순간에 아이가 저산소증이 올 수 있기 때문에 무조건 스피드가 생명인 수술이다.

산과 쪽만 하여도 교수님이 5-6분이었는데, 그 모두의 수술 스타일을 파악하여야 했다. 난 이전 수술도 머릿속에서 완벽히 정리되지 않았는데, 이것마저 외워야 하는 것이 너무 버거웠다. 하나를 시작하면 하던 것을 다 끝내고 다음 것을 하는 성격이다 보니, 트레이닝을 순식간에 여러 개를 받는 것은 나에게 곤욕이었다.

그 날은 무척 쿨하고 남성적인 성향으로, 아이를 꺼내시며 "고놈 울음소리 한번 우렁차네!"라며 봉합을 시작하는 분 수술에 들어갔다. 수첩에 적은 이 분의 프로시져를 달달달 외우면서 손을 씻고, 기구 세팅을 하였다. 아이를 꺼내던 중, 자궁 부위는 무척 좁았고, 그 교수님은 메스만 쓰시는 분이었는데, 가위를 달라고 하셨고, 자궁을 몸체에 고정 시키기 위하여 직침을 달라고 하셨다. 보통 수술실에서 쓰는 실은 라운드라고 해서 반달 모양으로 휘어 있는데, 그러면 굵은 조직에서는 안쪽까지 도달할 수가 없어서 일일이 간호사들이 니들 홀더로 둥그런 바늘을 우리 옷 꿰맬 때 쓰는 직침이라고 일자로 만드는 것이었다. 물론, 직침 자체도 있지만 그 침을 뒤에 실이 달려 있지 않다. 또 하나 덧붙이자면, 수처하는 실의 특성은 녹는 실부터 시작하여 안 녹는 실도 있고, 실크도 있으며, 그 실크도 블랙 실크 화이트 실크가 나뉘어져 있다. 실이 필요한 바늘을 달라고 하여서 황급히 준비해 드렸고, 수술실은 선배들까지 달려들며 바빠졌다. 그때 나는 부드럽게 수술을 진행하지 못하였고, 아기를 다 꺼내고 산모의 배를 닫을 때, 교수님이 "넌 스크럽 할 손이 아니야." 라고 하셨다.

이런 말을 들었을 때, 어떤 생각을 해야 정상일까? 지금에서야 드는 생각은 내 손과 실력이 한없이 부족했다. 내가 더욱이 프로시저와 변수 상황에 숙지하고, 빨리 드렸어야 했는데, 내 손 스타일이 느려서라며 나아지기 위한 해석을 했을 것이다. 그 이유는 수술실에서 일 하다 보면 수술 과정이 외워야 하는 것이 아니라, 수술이란 것은 제거하거나 꿰매거나 하는 과정이기에 큰 틀에서 이해하면 무엇을 줘야 하는지 의사 말하기 전에 알게 되기 때문이다. 예를 들어, 친구가 음식을 먹다가 턱에 흘렸다. 그럼 휴지를 말하지 않아도 주지 않는가. 그런 이치와 같다.

그러나 그때의 내 해석은 '아니! 사람 둘의 손이 안 맞는 건 둘의 문제이지 왜 내가 혼자서 다 맞춰야 해? 그리고 난 신규잖아. 교수님은

밥 먹고 10년은 넘게 그것만 하셨으니, 잘하는 거고 난 이걸 1달도 안 했는데, 왜 잘해야 하냐고!'

그리고, '왜 그 교수님 한 명이 내 직업을 정해? 다른 교수님은 나를 훈련시키는 재미에 부르기도 하시고 회식에 부르는 분도 계시는데, 내가 전공하고 선택한 직업을 왜 그 사람이 하라 마라야?' 였다.

물론, 지금도 저 정도로 되 바라 진 건 아니지만 좀 어처구니없는 부분도 있다. 세상살이 재미있고, 오래 살고 볼 일이라는 것이 10년차에 일을 쉬다 복직했을 때, 그 병원 다른 교수님과 일을 하였고, 그 분께서 수술 중에 센스 있다며 무척 마음에 들어 하셨고, 늘 잘하고 있다고 격려를 아끼지 않으셨기 때문이다. 뭐, 칭찬해 준 교수님 수술은 스피드가 생명에 위협을 주는 분야가 아니기도 하지만 말이다.

결국 지금 나는 마취과에서 10년차 경력자로 일하고 있으니, 그때 기억은 해피엔딩이며, 이렇게 말할 수 있는 거리가 되었다.

-다시 해 와

신규 시절의 이야기들을 해보라면 모두가 끝이 없을 것이다. 나 같은 경우는 신규 시절 별명이 포커페이스였다. 그 이유는 선생님들이 아무리 태우려 해도 내 표정은 무표정이었기 때문이다.

선생님들이 내게 무어라 할 때 늘 감정에 호소하는 건 내가 아니라 선생님들이었다. 모르는 건 나이지만 왜 이리 공부하려 들지 않는 지 무엇이 문제인지 고민에 빠진 건 선생님들의 몫이었다. 그래서 난 자주 수술 방으로 불려갔는데, 한 명이 아니라, 여러 명이 돌아가면서 나를 따로 수술 방에 불렀다. 혼내다 못해 지쳐서 뭐가 문제냐고 호소하는 퍼센트가 더 많았다.

신규들에게는 프리셉터라고 멘토가 지정되는데, 나의 그 분은 7년 차 였고, 우리 병원 내에서도 후배들 태우기로 정평이 나 있는 사람이었다. 일단은 째려보기를 무척 잘하고 말할 때 톤과 분위기가 가히 압도적이다. 그래서 안 무섭기만 한 건 아니었지만, 그 분위기를 회피하고 싶은 마음이 더 큰 게 사실이다. 째려 본다기 보다는 눈으로 압살시키는 게 맞겠다.

그런데 내가 2년 차가 되기도 전에 그 선배는 사직서를 제출했다. 혹시나 타지 않는 나 때문인가 싶어서 왠지 모를 죄책감이 들었다. 그래서 선배의 퇴사 사실이 공공연히 알려졌을 때 조심스레 여쭈었더니 나 때문은 아니라고 했다. 그렇지만 동물적 감각으로써 나의 영향이 0퍼센트는 아닐 거라는 확신은 가능했다.

내리사랑이라고 했던가 프리셉터 다음으로, 아니 나 같은 경우는 내 프리셉터 보다 더욱 나를 챙겨 주는 분들이 있었다. 내가 들어옴으로써 갓 신규를 탈피하여 화살촉을 벗어난 2년차 선생님들이다. 그들의 사랑이 무척 컸다. 본인 신규 때를 생각하면 짠하기도 하며, 일을 덜어내는 것도 있다고 생각한 것 같다. 그래서 모르는 게 있을 때마다 달려가서 여쭈면, 무조건 친절하였고, 천천히 알려주면서 본인 때는 더 못했다며 다독여 주기도 했다.

여기서 한 가지 알려주고 싶은 팁은 자신의 살길, 생존 방식은 각자에 맞게 찾아가야 하는 것이다. 한 선생님은 이 병원에서 태어나서 재직 중인 교수님이 받아 준 사람이었고, 엄마 카드로 병원에 커피를 자주 돌리기도 했다. 그리고 다른 사람은 착한 성격으로 밀고 나갔고, 다른 누구는 허당인듯 하나 일을 잘해서 선생님들의 경계심을 무너트리는 사람이었다. 난 그 당시에도 이걸 읽었기 때문에 조금은 편했던 거라 생각한다. 그러니, 내 글들을 읽어보면서 할 수 있는 것과 없는 것을 구분해서 각자의 생존 방식을 만들어 가길 바란다.

내가 신규 시절을 견딜 수 있었던 이유 중 하나가 늘 좋은 사람이 한 분씩 있었기 때문이다. 운이 좋았다 라고 생각할 수 있겠지만 나 또한 나를 달달달 볶다가 태우는 사람들이 많았다. 내가 마른 장작이었을 뿐이고, 나도 속으로는 왜 저러지 라며 시작했다가 나를 가만히 두지 않는 환경 때문에 못해먹겠다 라는 생각이 꼬리에 꼬리를 물어 이게 내 인생 인가라는 착각까지 가게 되었다. 내가 생각하기에는 어느 집단이건 반장, 부반장, 총무부장, 게임 부장 등이 있듯이 모든 집단이 동일한 역할들이 질량 보존하는 것 같다. 혼내는 사람이 있으면, 그걸 알아주고 챙겨 주는 사람들도 있기 마련이다. 그런 사람들을 귀신같이 잘 찾아야 하며 조심해야한다. 잃지 않도록 말이다. 신규 시절에 한 선생님은 서로 연애 이야기를 하고, 나이트 근무 후에는 병원 앞 식당에서 삼겹살을 구워먹거나, 갈비탕 맛집, 김치찌개 맛집, 낮술집 들을 골라가는 재미로 함께 근무를 하였다. 식사 후에 마사지를 받고 헤어지는 게 그때의 나이트 근무 코스 룰이었다. 그때 알게 된 마사지 맛은 지금까지도 여전히 찾게 만들며, 알코올 쓰레기인 내가 낮술은 낭만이라고 생각할 정도로 좋은 추억으로 자리 잡았다.

그러나 늘 좋은 선생님만 있었다고 한다면 그건 최소 병원장님 손녀이다. 아니, 판타지다. 못된 선생님을 꼽으라면 무수하지만 크게는 둘 정도 추릴 수가 있다. 한 명은 볼 때마다 인성과 업무 태도가 엉망인지라 더욱 억울했다. 전날 술을 신나게 먹고는 출근해서 골골거리며 수액을 맞고, 돋보이는 것을 좋아해서 혼자만 늘 모두가 입는 바지 수술복이 아닌 몇 개 없는 원피스를 입었다. 보라색 유니폼에 분홍색 크록스를 신고서 지비추로 수놓기를 좋아했다. 우습겠지만, 그 당시에는 신규는 지비추를 많이 할 수가 없었다. 그래서 크록스에 지비추가 여러 개 있다는 것은 그 사람의 짬을 반영해 주는 지표이기도 했다. 물론, 모든 고 연차가 지비추를 하는 게 아닌 지라 튀고 싶어 하는 그 성향을 고스란히 보여 주는 증거이다.

수술실에서 함께 시작한 동기는 9명이었다. 대학교 동기 언니도 있었고, 동갑내기 한명, 한 살 많은 언니 두 명, 아홉 살 많은 언니들 두 명이 있었다. 나머지는 9명인 것 외에 기억이 안 날 정도로 짧은 기간에 관두었다.

재밌는 사실은 나라 사랑 동기 사랑이라고 아홉 살 많은 동기 중 한 명이 사진을 전공하고, 직장 생활까지 해본 언니였고, 나를 무척이나 챙겨줘서 내가 엄청 따랐었다. 언니가 병원 근처에 거처를 마련

했기에 퇴근 후에는 같이 공부를 한다는 명분으로 다 같이 언니 집에서 삼겹살을 구워먹다가 나는 자고서 출근한 적이 많다. 동기가 참 재밌는 것이 그 때 그 언니가 돼지고기 꼬치인데, 맛있다고 속여서 양꼬치에 입문 하게 된다. 일본 라멘집에서 돈코츠에 부추 무침을 즐기며, 카페에서 허니 버터 브레드와 카라멜 마끼아또를 마시는 게 하루의 보상이었다.

그러나 나에겐 동사나사였지만, 그 언니는 유독 나와 동갑내기인 친구를 무척 싫어했다. 자기는 뚱뚱하고 눈치 없는 사람이 싫다고 했다. 그 언니의 외모를 비하할 생각은 전혀 없고, 내가 그럴 수도 없으며 예쁘다고 한들 누굴 평가해서는 안 된다고 생각하는 입장으로써 그 언니는 누구 외모 평가를 해서는 안 되었다. 외모로 비하할 만큼 눈코입 비율이 클레오파트라 같은 사람도 아니었다. 한 날은 맛있게 허니버터브레드를 생크림에 찍먹하며 좋아라 하고 있었다. 그런데, "야! 000이! 너는 일할 때, 수첩 안 보나? 언제까지 물어 볼 거고? 공부 안 하고 안 적나! 응?! 이유 좀 내가 알자."라며, 기분 좋은 퇴근 자리에서 혼내는 것이 아닌가, 가뜩이나 선배들에게 탈탈 털려서 풀이 죽은 친구는 그곳에서도 손을 공손히 모아 아래를 응시하며 한마디도 못하고 있었다. 난 "언니, 밥 먹을 때 개도 안 거드린다는데, 그만하세요." 라고 했더니 "김애림! 너는 가만히 있어~" 라면서 아랑곳 하지 않고 동기를 혼냈다. 지금 생각해 보면 병원에서 받는 스트레스를 그 친구한테 풀었던 것 같다.

신규가 피곤하다는 것을 어느 누구나 짐작이 가능 할 것이다. 디테일 하게 말해주자면, 수술실 같은 경우는 잠깐이 아닌 모든 순간이 엄격한 무균 술을 바탕으로 일해야 한다. 설압자 만지는 것 부터가 평소에 우리가 가위를 잡거나 핀셋을 잡는 것과는 조심해야 할 점이 다르다. 설압자가 손잡이 부분이 늘 위쪽이고, 물품을 잡는 부분이 아래로 향하게만 잡아야 한다던가, 멸균액 일지라도 수술 필드의 시트에 조금이라도 떨어트리면 감염으로 간주하고, 무조건 빼 버려야 한다던가의 무심하게 할 행동들에 제약이 있다.

트레이닝 받을 때 퍼스트와 세컨을 선다고 표현하는데, 우선은 선배가 일하는 것을 밖에서 관찰하다가 그 다음은 무균복을 입고 수술대에서 필기를 하며 관찰을 한다. 그 다음에는 본인이 본 것을 토대로 선배에게 수술 과정 정리한 것을 확인 받고 퍼스트를 서서 그 수술의 스크럽을 하는 것이다.

세컨드로 들어갈 때 필기하는 방식은 무균술을 지켜야 하기 때문에 멸균 된 장갑의 포장 종이에 적거나, 가운 입을 때 걸려있는 종이를 모아서 적는다. 보라색 마킹펜 또한 새것이 아니라 두 번째로 쓰여지는 무뎌진 펜으로 사용하는데, 간혹 펜이 잘 안 나오거나 너무 펜촉이 무너져서 작은 종이나 잘 번지는 종이에 쓰는 게 버거울 때도 있다. 그 펜이 볼펜이 아니라 싸인펜이기 때문에 마치 붓글씨를 쓰는 질감이기도 하다. 그래서 간혹 선배들에게 새로운 펜을 꺼내달라 해야 하는데, 그 조차도 눈치 보이는 게 병원의 현실이다. 배우려면 펜을 요청 하는게 당연하다 생각하겠지만, 이건 우리나라의 간호사 부족 현상의 폐허 중 하나이다. 안에서 의사에게 물건을 건내 주는 간호사가 있으면, 밖에서 멸균 물품을 까주거나 크린조를 부어 주거나 등등의 일을 해주는 역할도 필요한데, 보통은 수술 한 방에 한 명이 아니라 한 명에서 여러 방을 돌며 해주는 경우가 대다수이기 때문이다. 그래서 벨을 누르는 행동도 한번 불렀을 때 모든 걸 하고 나가도록 주문을 넣어야 한다. 아니면, 내가 쓸 것 같은 물건들을 미리 모아서 그 방의 물품대 한 켠에 놓아두는 것도 당연한 절차 중 하나이다.

이런 상황에서 빠른 수술들을 순서에 맞춰 종이에 적어야 하는데, 동체 시력이 얼마나 빨라야 하는 지 눈으로 본 것을 적고 다시 필드를 보는 게 전혀 여유가 없도록 진행이 된다. 그래서 문장을 줄이고 때로는 써야 할 기구 이름만 적어두다가 종이의 공간이 모자라서 옆에 적기도 하며, 그러다가 혼자서 정리할 때는 수술의 순서가 기억이 안 나며 적혀 진 종이도 소용없도록 혼동되기도 한다. 지금에서야 수술의 과정이 뻔하고 그 기구가 어떤 용도로 쓰이는 지 마취과에서 근무하여도 알지만, 당시에는 기구 이름만으로는 왜 사용했는지 짐작을 할 수가 없다. 그래서 선배에게 재확인하거나 동기들에게 물어야 하는데, 이 때 동기도 모르겠다고 한다던가 정말 모르는 경우, 또는 잘못 적어둔 경우는 모두가 같이 틀린 정보를 공유하게 되는 것이다. 그래서 절대 선배들은 동기들끼리 공유를 하지 말라고 한다.

지금의 나라면 수술 기구의 용도부터 이해하고, 그다음은 수술 부위의 해부학을 알아서 어디에 쓰일지 감을 잡고, 책으로 나와 있는 수술 과정 책을 보며 필기해 둔 것을 대조할 것이다. 물론, 이것도 말이 쉽지 신규에게는 힘들 것이다. 모르겠고 감을 못 잡는 것도 있지만, 우선은 수술 과정에 나와 있는 것과 실생활에서의 수술 스타일이 다른 경우가 다반사이다. 예를 들어, 인형 하나를 만든다고 치면 귀 부분에 솜을 따로 넣고 만들어서 얼굴에 붙이는 사람이 있고, 천을 아예 귀까지 이어 자른 다음에 전체적으로 솜을 넣는 사람도 있을 것이다. 그 다음으로는 솜을 귀 부분에 꽉꽉 면봉 같은 걸로 채워 넣는 사람도 있을 것이고, 손가락으로 넣는 사람도 있을 것이다. 이런 차이는 수술을 하는 의사에게 맞는 방법으로 각색되기 때문에 기구조차도 달라지는 것이다. 그래서 수술 배울 때 힘들었던 것이 누구는 이걸 쓰고, 누구는 그걸 안 쓰고를 구분하여 기억하는 것도 난 버거웠다. 장갑조차도 난 소, 중, 대인 줄 알았는데, 손이나 손가락 굵기에 따라서 6반, 7, 7반, 8등 각각 쓰는 크기가 또 다르다.

이런 수술실의 하루는 신규들은 준비할 시간이 많이 필요하다는 이유로 정규 출근 시간인 8시보다 한 시간 더 일찍인 7시에 시작을 해야 했다. 선택이 아닌 필수였다. 6시에 일어나 출근하여 첫 수술 준비물을 챙겨두었는데, 초중고대 모두 집에서 5분 거리거나 기숙사에서 살았던 나는 20분 거리의 출근 시간부터 하여 일찍 일어나는 것부터가 힘들었다.

몸과 마음이 다 어디에 있는지 모르겠는데, 일은 계속 해야 하고 연습이란 없으며, 필드에서 부딪혀 나가야 했기에 모두가 그렇게 생각하듯이 나 또한 출근길마다 차라리 차에 치이고 싶다는 생각도 했고, 앰뷸런스 소리만 들리면, 위액이 뿜어 나와 결국은 위경련을 일으킬 정도로 스트레스를 받고 있었다.

평소대로 우리 동기는 과제를 받았고, 달라진 건 이번에는 3년차 선생님의 과제였다. 언니 둘은 바로 척척 해 왔고, 나와 동기는 다시 해 오라는 말을 들었다. 결국엔 나 혼자 세 번째 다시 해 오라는 말을 들었는데, 최선을 했는데 세 번이 반복되니 난 무척이나 억울했고, 이건 태우는 게 분명하다고 생각했다. 내가 못해놓고서 앓는 소리 하는 것은 아니었나 생각할 수 있을 텐데, 정말로 그 이유가 아닌 것이 계속 다시 해오라길래 난 동기 언니의 과제를 어조만 바꿔서 해갔다. 다시 해 오라는 것부터가 무엇이 부족한 지 알려주지 않은 채 맨땅에 헤딩 중인 나에게 그저 다시 하라 했고, 내용은 같은 데 왜 나는 거절당하는 지 이해를 전혀 할 수가 없었다. 글씨를 못 알아보도록 쓰는 것도 아닌지라 내 선에서는 전혀 납득이 안 됐다.

게다가, 더 큰 사건의 발단은 난 어릴 적 잔병치레를 한 적도 없고,

감기 정도만 걸릴 정도로 건강해 왔는데, 갑자기 위가 쪼그라들고 아무것도 할 수 없을 정도로 때려 맞은 것처럼 아팠을 때 이다. 이때가 앞서 말했던 위경련이 일어난 시기였다.

아는 게 병이라고, 간호학과 학생들은 다 공감은 할 것인데, 학생 때부터 질병을 배우면 우리들에겐 건강 염려증이란 게 생긴다. 혹시나 싶기도 했고, 그토록 아픈 적은 처음인지라 난 당장 내과 외래에 접수를 하고 진료를 보았다. 그러니, 위경련이라고 진단을 받아서 그날 바로 난 반차를 가게 되었다. 퇴근하려고 죄송하다고 인사를 하면서 나오는데, 다시 해 오라는 선배가 아무도 없는 데서 내 팔을 잡고 귀에 속삭인 말이 있었다. 무어라 한 줄 예상해 보자. 정답은, "너, 선생님들이 다 네가 진짜 아프다 생각해서 보내주는 줄 알지? 다 너 꾀병 인거 알아." 라고 하는 것이다.

평소 행실이 옳은 사람이 그런 말 하면 내가 문제인가 가스라이팅 될 수도 있겠지만, 그 선배는 종종 술 먹고 출근해서는 골골거리다가 수액을 맞거나, 수술 중에 기구나 폐기물을 버릴 때 조심성 없이 큰 소리를 텅텅 내며 무식하게 일했다. 그래서 난 수술 참관을 할 때마다 왜 저렇게 할까 라는 생각을 줄곧 해 왔던 지라 평소 이미지가 좋지 않았다. 그런데 말까지 그렇게 하니 무섭고 서러운 게 아니라 오히려 진짜 미쳤나? 왜 저렇게 꼬였지? 이제는 선배고 뭐고 존중하고 싶은 마음도 사라지면서 반격을 하고 싶어졌다.

지금도 하는 생각이지만, 난 신규 때부터 회사가 인생의 전부라고 생각해 본 적도 없고, 그 병원이나 선배들이 내 선구자라고 생각한 적도 없다. 되바라졌다고 생각할 수도 있겠고, 물론 나보다 더 아는 선배들이지만, 경력이 많으니 나보다 더 아는 것이 당연하다고 생각했다. 별거 없어 보이는 병원이 전부인 양 인생을 담아 그곳의 일을 못하면 실패자인 것처럼 생각하는 선생님들의 인생관도 난 답답했다. 말 같지도 않은 이유로 나를 건드린다면, 난 그것을 기꺼이 받아들이고 맞춰 갈 생각이 전혀 없었다.

그래서 다음 날 출근해서 수 선생님께 관두겠다고 하였다. 당연히 이유를 물어보셨고, 나는 과제를 몇 번이고 다시 해오라고 하셔서 동기 거랑 똑같이 적어갔는데, 다시 해오라고 했다. 이건 이해를 할 수가 없다고 하니, 수 선생님은 내가 한 것과 동기 과제를 가져오라 하셨고 확인 후 그 선배를 불러 면담을 하셨다. 그러자 그 선배는 나에게 사과를 하였고, 내가 관둘 때는 나중에 한강 가서 치맥을 하자면서 웃는 얼굴로 인사를 했다.

요즘은 세대가 변하면서 11년 차가 된 나도 간혹 신규 후배들을 이해하기 어려울 때가 있다. "무서운 것은 회사가 전부가 아니야. 너도 할말 해."라고 말할 때, 그 해도 되는 말과 본인이 당당히 요구하기 전에 그 명분을 만들었는지도 살펴야한다. 쉽게 말하자면, 내가 반격을 했을 때 남이 꼬투리 잡을 것을 내주어서는 안 된다는 것이다.

나 때도 옳은 수 선생님이 몇 없기도 했다. 어른이면 다 옳고 지혜로울 줄 알았지만, 생각보다 위로 올라갈수록 일을 잘하거나 옳아서 된다기 보다는 사회생활을 잘해서 되는 자리도 많다. 수 선생님조차도 이상한 병원들이 많으니 최대한 상담을 신청할 때는 감정을 배제하고 객관성을 유지하여야 한다. 1차적으로 병원들은 신규 이야기를 최대한 들으려 하는 편이기에 수선생님으로 이야기가 해결되지 않을 때는 간호부로 찾아가야 한다. 혼자서 끙끙 앓아서는 답이 없다. 병원하고도 원만한 합의가 이루어지지 않을 때에는 그곳을 나올 생각도 해 보는 곳이 좋다. 정확히는 버릴 생각이다. 내가 아직은 참고 다녀야 하지 않나 라고 생각할 수 있겠지만, 그건 모두에게 해당되는 것이 아니다. 내가 노력하지 않고 회사만 잘못 됐다고 생각하며 성실하지 않은 태도로 군소리만 한다면 그런 사람은 병원에서도 노 땡큐이다. 회사에서도 이 친구가 성실하고 잘 따라온다는 이미지가 있어야 이야기를 들어준다. 병원 집단 자체가 기괴한 곳들도 아직도, 여전히 많다. 그러니, 참다가 마음의 병이 들거나 안 좋은 선택을 하게 될 지경에 까지 이르렀다면 인생을 버리지 말고, 회사를 버려라.

관두는 순간, 그곳, 그 사람들은 나에게 아무 것도 아니다. 사직서를 쓸 때 내용 중 하나가 병원에 손해를 입히면 어쩌고가 써 있는데, 환자를 죽이지 않는 한 왠만해서는 절대 내가 위해를 가하는 사항에 준하지 않는다. 그리고 소문을 퍼뜨린다는 둥 헛소리를 하는데, 정말

위법을 하거나 환자를 죽이는 정도의 무지막지한 사람이 아니라면,
소문낼 것도 없고, 병원들은 다 연결되어 있지도 않다. 지레 겁먹으며
곪지 말아주길 바란다.

-2년 차 그리고 1월 1일

각자의 삶에 이벤트에서 혹시나 정확한 날짜를 꼽을 수 있다면 어떤 날인지 말해보자. 생일 제외, 기념일 제외! 모두에게 1월 1일이라는 날짜는 매해 돌아오지만, 새해라는 숫자가 주는 분위기나 의미는 남녀노소 불문하고 감회가 달라진다고 생각된다.

12월 31일이 되면 저녁을 먹으며, 올 한 해는 어떠한 일들이 있었고, 내년에는 일어나지 말길 원하거나 더 좋은 일이 생기길 기대하면서 한 해를 마무리 한다. 그렇게 12월 31일 밤 11시 59분 59초가 지나, 딱 1월 1일 00초가 되면 1초 차이로 사람의 마음은 올해는 저렇게 해보자! 성공하자! 라는 새로운 활기참으로 바뀌는 마법이 생긴다.

나 또한 그 억지스러운 듯 할 말 없게 만드는 신비한 1초를 여러 해 거치면서 지금의 내가 되었는데, 정말로 34살 중에 간호사가 된 23살 부터의 11번째 1월 1일 1초를 허투루 쓴 적이 없다. 특히나 간호사 2년차 때의 1월 1일은 내 인생의 큰 전환점이 되었다.

12월 31일, 오후 4시에 시작되는 나이트 근무를 출근하여 새해 카운트다운을 병원 당직실에서 어렴풋이 하며, 1월1일의 퇴근을 마주했다. 모두가 희망찬 기분으로 가족들과 모여 사기를 도모할 때 난 피곤에 찌들어 퇴근을 했다. 그때의 든 생각은 아직도 생생하다. 남들 행복할 때 난 찌들어 있는 이 모습이 내가 그토록 바랬던 인생의 모습이었나 라는 생각이 들었다. 왜 나는 남들 쉬면서 삶을 돌아보는 여유를 가질 때 일을 하고 있어야 할까, 이 일을 하는 것이 내 스스로의 자긍심에 영향을 주었나, 아니면 돈을 많이 받았나, 내 인생은 개인적인 나라는 사람을 포기하고 이렇게 간호사로서의 인생에 헌신해야 하는 것 인가라며 내 인생을 주체적으로 살 수 없는 것인가 라는 둥의 갖가지의 골 파는 생각이 들었다.

무슨 그렇게까지 깊이 생각해? 라며 이상하게 볼 수도 있겠지만, 어린 시절 나는 내 인생을 늘 내가 계획하고 하고 싶은 대로 살아왔다는 생각이 크게 자리 잡혀 있었다.

어릴 적부터 운이 좋게도 하기 싫은 걸 해본 적이 없고, 상을 타고 싶어서 대회에 나가면 무조건 수상을 하였으며, 만들고 싶은 게 있으면 모양이 어떠하든 완성이 되었다. 대학생 시험 기간 때조차도 밤 12시가 되면, 딱 잠자리에 들면서 내 기준에서 만큼은 적당한 대학 생활을 했다. 그런데, 왜 일을 시작함으로써 나는 이전과 다른 사람이 되어야 하고 하기 싫은 것 투성인 것들을 견뎌내고 해야 하는지 납득을 하지 못했다. 그래서 나는 내 시간을 내가 계획하고 쓰고 벌어야겠 다는 생각을 하게 되었다. 그 날 나이트 근무 후 어두운 아침 퇴근 길에 든 생각이 바로 "사업을 하겠다."이었다.

지금에서야 의미 부여를 하며 살아가지만, 난 간호학과를 가기 전에만 해도 아니, 간호사를 하면서도 간호사란 직업에 사명감을 가지고 있지 않았다. 친언니가 내 성적으로 무난히 가서 졸업 할 수 있고, 적당히 취업이나 먹고 살 걱정은 없는 직업이라길래 선택했을 뿐이다, 물론, 자소서에는 어릴 적부터 병원에 다니며 간호사 어쩌구를 연발하긴 했다.

4년제 간호학과를 딱 두 군데에 수시 지원해서 논술 시험 공부도 하고, 다른 한군데는 면접이 있었으나 탈락을 하였다. 평생 잊지 못할 디젤 시사 문제이다. 난 고교 시절 학교에서 모든 선생님이 알 정도로 상을 휩쓰는 모범생 이었다. 반장을 맡아 친구들에게 부족한 공부를 알려 주기도 했다. 그러다보니, 불합격에 대한 스트레스는 무척이나 컸다. 학창 시절 말할 거리라도 만들려면 반장은 한번 해봐야 하지 않나라는 생각에 반장을 선택해서 했으니, 원하는 건 수월하게 가지는 나에게, 탈락은 인생의 큰 패배였다. 지금 생각하면, 공부는 중간 만 하고 두루두루 건드렸던 거라 생각되지만, 그 당시엔 일주일 사이에 6kg이 빠졌을 정도로 충격이었다. 매일 야자 후에 야식을 먹어서 쌓인 몸무게도 영향을 줬겠지만 말이다.

그래서 난 아버지께 대학교를 가지 않겠으니, 편의점을 하나 차려 달라고 선포했다. 그 시절은 편의점이 늘어나던 초창기였다. 차린 곳이 잘 되서 두세 개 확장하던 시절이었으니 말이다. 처음에 아버지의 답은 "그래, 알겠어." 였다. 하지만, 바로 다음 날 "그래도 요즘 시대에 대학 졸업장 하나쯤은 따야 하지 않겠냐?"라고 종용하시면서 언니에게 "지금 얘 성적으로 갈 수 있는 간호대학을 뽑아보라."라고 하셨다. 그렇게 나는 간호사가 되었다.

졸업장만 받을 생각으로 갔다가, 다들 취업하니 얼떨결에 나도 취업한 것 인데, 그렇게 일하게 된 것 치고는 결과 값이 상당히 불편하게 느껴졌다. 내 삶을 반납한다는 생각을 하게 되었다. 간호사 신규 1년 동안 이러쿵저러쿵 생각이 오가다가 2년 차가 될 무렵, 난 결심을 하게 되어서 사직서를 제출했고, 반년 동안 수리가 되질 않다가 퇴사를 한 날 사업 노트를 작성하기 시작했다. 물론, 하고 싶은 것이 명확해질 때까지는 간호사 일을 한다는 전제가 깔려왔다.

처음으로 이직한 병원에서 5년 차 때까지는 연장 근무가 가장 심했다. 일주일에 하루만 정시 퇴근을 했고, 그 와중에 밤 9시에 퇴근을 하고서도 커피를 마시러 가서는 사진 찍는 나를 발견하며, 나의 열정적인 가능성을 느꼈다. 스페셜티 커피가 대중화되기 시작하던 시점이라서 커피보다는 카페 문화에 초점을 맞추었고, 곧장 나는 파리행 티켓을 끊었다.

그 당시에 난 3년 동안 그 병원을 다녔기에, 수술실의 성수기와 비수기를 누구보다도 잘 알고 있었다. 또한, 나는 어렸지만, 수술실 전체에서도 손에 꼽혔지만 8명의 마취과 간호사 중 두 번째로 근속 연수가 오래됐었다. 마취과에서 나보다 많으신 분이 9년차 선생님 이었는데, 수술실에서 쫓겨나 외래에서 일을 하다가 다시 돌아온 경우였다.

일을 어찌나 못하는 지가 내 눈에도 훤히 보였는데, 본인은 아랑곳하지 않아서 늘 사람들이 수군거리는 캐릭터를 지닌 선생님이었다. 하나만 말해주자면, 퇴근할 때 손을 바꿔 주면서 수혈 중인 환자를 인계 받았는데, 분명 두 번째 수혈 팩이 냉장고에 있다고 인계 받았으나, 다음 날 아침까지 수혈 팩이 냉장고에서 보관되고 있었다. 더 큰 문제는, 다음 날 그 수혈 팩을 다른 사람이 발견했고, 이게 왜 여기 있냐고 듣자마자 그 선생님은 수혈 팩을 찢어서 폐기했다.

수혈 팩은 병원에서 폐기 하는 것이 아니라 반드시 혈액은행으로 되돌려 보내야 한다. 게다가, 회사에서는 보고 체계가 존재한다. 혈액을 발견했을 때, 수 선생님께 보고를 하고 임상 병리과까지 보고가 되어야 하는 것이다. 어찌 저찌 구렁이 담 넘어가듯 넘어갈 수도 있었겠지만 때마침 대학 병원에서 10년 가까이 근무를 하시다 온 선생님이 출근한 지 한두 달도 안 되었을 때였고, 이건 있을 수 없는 일이라며 놀라서 정의롭게 간호부장님께 보고했으나, 그 분이 외래 출신이라 한 말을 기억하십니까? 공교롭게도 외래 수간호사 하시던 분이 간호 부장님의 자리를 대신하고 있었고, 어찌 이야기가 되었는지 모르겠지만, 사고를 친 사람이 아니라 발견한 사람이 사직 의사를 밝혔고, 간호부에서는 정의의 사도를 보험 심사 쪽으로 부서 이동해 주었다.

사람은 하나만 하지 않는다고, 혈액 폐기 사건의 그대는 나에게도 아주 좋은 영향을 선사하였다. 내가 파리를 다녀오겠다고 연차를 쓴다고 하니, 그때쯤이면 한가해지겠지 그래 라고 해 놓고서는 가는 날짜가 다가오니, 지금 여행을 왜 가냐는 말을 하는 것이다.

이유인 즉, 혈액 선생님이 부장님께 3월이면 바쁠 지도 모르는데, 왜 허락 없이 연차를 쓰도록 하냐, 모두의 동의를 구해야 하는 것이 아니냐고 들고 일어났기 때문이다. 3년 동안 다니면서 3월이 한가해지는 시점인 건 모두가 알고 있다. 그런데, 부장님은 처음에는 오케이를 할 때는 언제고 다시 부르더니 전체 동의를 받아오라고 하셨다. 이 병원이 언제부터 그런 동의를 비수기에 구했는지 의문이었다. 그 사이에 또 새로 들어온 수 선생님은 써도 된다 했다가 다시 상담을 하자

하셨다가 어느 편에 서서 말해야할 지 혼동하고 계셨다. 참으로 누구 하나 듬직하게 믿고 따를 인물이 없었다. 결국에는 "파리를 갈 거면 사직서, 다닐 거면 여행 취소"라는 말이 나왔다.

표를 취소하는 수수료도 아까웠고, 하루 이틀 만에 출근을 하지 않는 사람들도 허다했고 근속 연수가 6개월 넘는 사람이 드문 곳에서 3년을 일했는데, 이렇게 대한다고? 라는 생각에 무척이나 괘씸했다. "붙어 있을수록 호구로 아는구나." 싶었다.

결국에 든 생각은 내가 이토록 무엇을 좋아하거나 열정을 쏟아 본 적이 없었기에 이 소중한 불꽃을 꺼트리고 싶지 않다는 것이다. 그렇기 때문에 날 하찮게 대하는 이 곳을 내 인생에서 버리지 못할 이유가 없었고, 내 열정에 확신을 가진 만큼, 더욱이 내 앞길을 막는 것으로밖에 안 느껴졌다. 이번 여행은 단순한 해외여행이 아닌 내 삶의 전환점인 것이 분명했다. 이렇게 난 7일 여행을 하고자, 3년 다닌 회사를 관두게 되었다.

잘해줄 때 고맙고 소중한 게 아니라 호구로 생각하며 잡은 고기에 떡밥 안 준다는 병원에서는 더 이상 노동력을 바칠 수 없다. 아마도, 그 때 간호부 입장은 간호사는 널리고 널렸고, 이력서는 또 들어올 거고, 한 명쯤 관두어도 아무런 티도 안 날 것이며, 어떻게 든 수술실은 돌아간다였을 것이다. 고맙다. 그런 만큼 나도 어디서 든 나를 기다릴 것이고, 정말로 나 하나 관두는 게 그토록 회사에 지장을 안 주니 죄책감을 느낄 필요도 없는 것이다.

그 병원에서는 나의 퇴사 스토리가 레전드가 되어서 쭉쭉쭉 연차 잔 다르크로 소문이 내려진다고 한다. 그곳을 같이 다녔던 선생님의 결혼식장에서 만난 분들과 밥을 먹는데, 그 이야기가 또 나오길래 그 사람이 나라고 했더니 무척이나 신기해 해서 왠지 모를 뿌듯함이 느껴지기도 한다.

일주일이라는 순삭인 기간 동안 여행을 다녀왔고, 나는 대학원 평생교육원에서 실시하는 바리스타 서포터즈에 합격하여 블로그에 올리는 조건으로 무상교육을 받았다. 그렇게 유럽바리스타 자격증을 갖게 되었으며, 그 때 강사님은 나의 멘토가 되어 주셨고, 현재까지도 제빙기 하나만 여쭈어도 줄줄 읊어주시며, 안부를 물을 정도로 감사한 인연이 되었다.

PART 3.
중간연차간호사

–끝맺음, 편입

내가 3년이나 다녔던 병원을 관둔 것은 우발적인 행동으로 느껴졌을 것이다. 반박하자면, 내가 이 책을 쓸 수 있는 이유와 당당할 수 있는 이유는 난 그동안 그럴 수 있는 나를 준비해왔기 때문이다. 1년 차 때 사업을 결심하고 일기장을 쓰면서 늘 해왔던 생각이 하나 있다. 내가 간호사를 관둔다고 할 때, 내가 싫어서 버린 것이지 못해서 도망치는 게 아니라는 것이다. 그렇기 때문에 만반의 준비를 해야 하는 이유도 만들어졌다.

미래를 생각하면서 무엇을 해야 좀 더 몸이 덜 힘들고 마음에 드는 수익을 벌 수 있을 지를 늘 고민했다. 언니는 나에게 교수를 해보는 게 어떻겠냐고 했지만, 내 학벌이 좋지 않거니와 교수될 만큼 공부할 머리도, 의지도 전혀 없었다. 칼을 뽑았으면 무라도 썰어야 하기에 내가 첫 발을 디딘 간호사라는 직업에 대해서는 적당한 마무리는 해줘야 할 필요성을 느꼈다. 시기가 적절했다고 도 할 수 있으나, 때가 좋았다고 만 할 수 없는 것이 시간이 흐르고 보니 내 스스로가 좋은 이유를 찾아 갖다 붙이는 성격인 것도 한 몫을 한다. 튼, 그 때에 내 남자 동기들은 군대를 다녀와서 제대하던 시점이었고, 3, 4년제로 나뉘었던 간호학과 학제가 일원화 되면서 내 아래 학번부터는 4년제 졸업을 선택할 수가 있었다. 아무리 내가 선배라고 한들, 대학 병원 입사에서도 전문 학사냐 학사냐에 따라 호봉 자체가 달랐고, 혹시나 내가 다시 간호사를 하러 돌아온다고 했을 때, 선배가 가방 끈이 짧을 수는 없는 노릇이라고 생각했다.

처음에는 이대로 일하다가는 연봉도 그렇고 뭔가 그저 그런 직장인이 될 것만 같은 느낌에 불안이 엄습했다. 미래에 대해서 언니와 자주 이야기를 나누는 편인데, 언니는 교수를 하는 것이 어떻겠냐고 했다. 전문대 학력을 누가, 어떻게 교수를 시켜 주냐며 손사래를 쳤더니, 일단 대학원을 잘 들어가면 그게 최종 학력이라고 해볼 법하다고 했다.

나의 장점이 있다면 하고자 하거나 되고자 하면 곧바로 행동으로 옮긴다는 것과 그렇게 되도록 방법을 만들어가며, 시도를 한다는 것이다. 그래서 석 박사 전에 전문학사가 아닌 학사 학력을 만들려고 했다. 현실적으로는, 아버지께서는 20살부터는 지원이 없을 거라고 하신대로 대학 학자금도 첫 학기만 내주셨기에 나는 학자금 대출을 해야만 했다. 버는 능력이 없었기에 최소한의 생활비만 보내주셨고, 취직을 할 때는 원룸 보증금과 첫 달 월세만 내주셨다. 중소기업을 운영하셨기에 여력이 충분하셨지만, 자식에게는 박한 분이었고 그래서 내가 지금껏 돈에 집착하며 이직하고 일을 하지 않나 싶기도 하다.

직장을 다니면서 4년제 학사를 받아야 했고, 공부를 싫어하고 못하던 나는 편입 시험 또한 부담스러웠다. 그래서 한 학기 학비가 50만 원인 방송통신대학교를 선택했고, 그 등록금을 카드로 할부 계산을 하여 다녔다.

그렇게 2년을 다녔는데, 밤 11시까지 일을 하면서 다녔던 학교는 족보가 있었음에도 학점이 나오기는 하려나 싶은 수준이었다. 물론 인터넷 출석이지만 말이다. 그래서 3학년 일년 동안의 성적은 바닥을 찍었고, 떡잎을 보아하니 교수의 목표는 허황된 것임을 깨달았다. 그러다보니, 학교를 다니겠다는 목적은 커피에 대한 열정을 자각하면서 조금 더 나에게 유리한 쪽으로 방향을 재설정했다. "그래! 간호사란 직업을 도망친 것이 아니라, 할 건 하고 간다." 실패자가 아닌 완성형의 모험이며 경험자라는 프레임을 씌운 학사가 되었다.

-바리스타 자격증

친구들과 수다를 떨거나, 회사에서 힘들 때면 "돈이나 모아서~ 카페나 차릴까~?" 라는 말을 직접 해보았거나 흔하게 들어봤을 것이다. 그러나 난 결코 그 말에 웃어줄 수가 없다.

내가 실패했기 때문에 배 아파서 그러는 거라면 난 정말 배가 아프다고 할 것이다. 그러나 내가 카페 사장님들을 대표할 수 있는 것은 아니지만, 최소한 자기 직군 이외에 다른 직업을 생각해 보았고, 직접 몸담아 보았던 사람으로서 나라는 한 사람의 인생 경험이 혹독했기 때문이다. 누군가의 시간 낭비를 막아 줄 수 있지 않을까.

요즘은 모두가 맛집과 카페를 다니며 일상으로 즐기지만, 우리나

라에서 카페 문화는 생각보다 길지가 않다. 토스트에 생크림을 주며 그네를 탈 수 있던 카페는 내가 중학생 때 호황기였고, 고등학생 때 별 다방이 국내에 들어왔으며, 대학생 때는 T사의 프레즐과 D사의 블루베리 베이글에 크림치즈 추가해 먹는 정도가 우리나라의 디저트를 즐기는 수준이었다. 물론, 커피라는 것이 고종 황제 때 들어와서 왕실에서 먹기 시작했다지만, 대중화되어 믹스 커피에서 커피 메이커로 발전되어 이제는 밖에서 음식과 커피를 마시는 게 당연시되며, 원두 자체가 향이 없는 그저 쓴 로부스타 품종이 아닌, 아라비카 커피를 즐기기 시작하면서 향과 고유의 맛을 모두가 즐기기 시작 한 지는 넉넉히 잡아도 15년 정도가 된 듯하다.

2013년 10월, 2년차 때부터 2017년 2월 6년차 때까지 한 병원에 다녔는데, 그곳은 공장형 시스템으로 돌아가는 곳이었다. 아침 8시 반에 출근하여 밤 11시에 퇴근 하는 게 일상이었다. 번갈아 가며 당직을 했기에 일주일에 한번은 일찍 갈 수 있었고, 바쁜 겨울이 좀 지나면 저녁의 워라 벨도 종종 있었다. 내가 근속 연수가 높은 편에 속했을 만큼 모두가 혀를 차는 정도의 업무 강도인 것도 사실이다.

추운 겨울, 다른 동료들 보다 빨랐던 밤 9시 퇴근, 독일의 카페가 국내에 생겼다고 하니, 안 가 볼 수가 없었다. 그 때 먹은 커피는 내가 대학생 때 여주에서 먹었던 커피 오일이 극강으로 고소하면서 목 끝에서 묵직하게 목젖을 울리며, 삼키자마자 향이 더욱 혀로 퍼지는 감동을 가진 맛이었다. 그게 내 행복이었고, 난 그때까지 무엇을 극도로 좋아해본 적이 없고, 모든 게 무난하게 느껴졌던 성향의 사람이었기에 더욱 크게 마음에 와 닿았고, 그 불씨를 꺼트리고 싶지 않았다.

커피를 위해서 나는 3년 동안 다니던 회사를 관뒀고, 직업을 버릴 생각으로 겨우 7일짜리 파리 여행을 떠났다. 커피 맛은 물론 국내와 달리 훌륭하고 휘낭시에의 버터 풍미도 놀라웠다. 카페오레가 달달한 게 아니라 우유의 양이 다르다는 것과 마키아토도 시럽 커피가 아니라 '점을 찍다'의 의미로 시럽이 들어간 메뉴가 아니라는 사실을 알게 되는 순간들이 흥미로운 보석처럼 느껴졌다. 카페를 다니다 보니 자동적으로 인테리어나 눈에 보이는 보완점과 좋은 아이디어 등을 일기에 적기 시작했다.

그렇게, 여행을 마친 후 나는 커피 회사에 취직하기로 했다. 한 달 동안은 유럽 바리스타 자격증을 취득하기 위하여 시간을 보내며 이력서를 넣었는데, 난 두 군데 중에서 고민을 했다. 한 군데는 커피로 유명한 지역에서 시작되어 서울까지 거점을 여러 군데 만든 스페셜티 회사였고, 다른 한 군데는 밀크 티 재료를 우유부터 시럽까지 직접 만들고 커피까지 겸하는 곳이었다. 밀크티 사장님은 SNS를 통해 알게 되었고, 피드에 일기나 진행 상황을 적어 주셨기에 난 디엠을 통해 멘티 멘토로서 조언을 주고받았으며, 현대백화점에 입점했을 때 찾아뵙고 인사를 하기도 했다.

두 군데 중 그래도 내가 커피를 하려면 더 큰 곳에 가서 배워야 하지 않을까 해서 첫 번째 회사를 선택했다. 면접을 봤는데, 부사장님이 있었고, 연봉이 이전보다 적을 텐데 괜찮겠냐, 직업이 있는데 할 수 있겠냐는 말에 당차게 대답을 하고 일을 하기 시작했다.

커피를 처음부터 만질 수는 없었고, 음료에 들어 갈 사과부터 썰어야 했는데, 그 사과를 썰고 비트를 착즙해 내리고, 코코아 가루를 끓여 우유에 녹인 것을 프렙해 두는 일을 하면서도 내가 행복했던 이유는 커피 한 잔이었다. 선배님들께서 드립 커피나 라떼 등 마시고 싶은 걸 오후에 한 잔씩 내려주셨는데, 햇살에 잔을 비추며 먹는 커피 맛은 세상을 다 가진 기분이었고, 정말 하고 싶은 걸 다하고 있는 벅찬 느낌은 지금도 생생하다.

내가 좋아하는 커피를 매일 마실 수 있고, 볼 수 있고, 알아갈 수 있으니 좋지 않을 수가 없고, 사람들과 하는 대화가 온통 커피이다보니 이게 무슨 요행인가 싶었다.

다만, 문제라면 연봉이었다. 간호사 시절 연장근무로 인센티브를 받았었기에 그때 바리스타 월급이 딱 간호사 벌이의 절반이었다. 서울에서 자취하면서 나가는 비용과 내 생활비를 내면 적금은 어림도 없었다. 모아둔 돈을 갉아먹기 시작했는데, 정말 목구멍이 포도청이라는 걸 나의 현실로 마주치게 되었다. 그리고 충격적인 일이 두 가지 있었는데, 커피를 하는 다른 선배님께 호주 워홀은 관심 없느냐고 물었더니, 비행기 값을 상상할 수가 없다고 했다. 미래를 위한 투자라고 생각할 틈도 없다고 했다. 또한, 주말 수당 없이 일하며, 하루에 12시간을 일하는 동안 주말에 매출이 1,000만 원을 넘는데도 어떠한 인센티브는 없으니 너무나 소모성이 짙은 느낌이었다. 그 불만을 토로했더니 지역 매니저님과의 면담을 할 수 있었다. "노예같이 일하는 거 같다." "회사가 노고에 대해서 당연하게 만 생각한다." 했더니, "애림 씨, 예전에 어디서 일했다 했지?", "저 간호사요." 라고 했더니 갑자기 존댓말을 하면서 원래 외식업이 이러하다고 한다. 본인도 바리스타로 시작해서 올라왔으면서 임원진이 되었다고 챙겨야 할 바리스타들을 그렇게 말을 하니 참으로 미래가 보이지 않았다.

그래서 더욱이 카페 창업 만을 생각하고 일을 배웠다. 아버지께서 카페를 차려 주시겠지 라는 기대감을 갖고 살았던 터라, 혹시나 싶어 아버지께서 업종을 정리하실 때, 갖고 계신 건물에 별다방을 입점 시켜보는 게 어떻겠냐고 제안을 했다. 800평의 부지에 건물 이 세 동 있는 곳이라서 가장 큰 곳을 카페로 하고, 나머지를 주차장으로 하면 위치가 대로변이 아니어도 승산이 있을 거라 생각했다. 그러나 아버지는 거절하셨다. 그래서 내가 모아서 차려야 겠다는 생각에 커피 일을 한 지 다섯 달이 되었을 무렵, 아버지의 난치병 판정 소식을 듣게 되었다. 파킨슨이라는 병인데, 근육이 점점 소실되어 결국에는 누워 있어야만 하는 질환이다. 그 소식을 듣자마자 내가 좋아하는 것만 쫓

으며 목구멍이 포도청이어도 희망회로 돌릴 게 아니라, 간호사로 복
귀를 하여야 겠다는 생각을 했다. 그리고 월급을 백날 모아 카페는 커
녕 미래도 없을거라 결론을 내리며 단념했다. 그 뒤로, 5년 사이 대형
카페는 붐을 일으키기 시작했고, 커피 장사가 돈이 되는 시대가 열렸
다. 그래서 난 내가 보는 눈이 있다는 생각을 하게 되었고, 언젠가는
이라는 생각으로 돈 모으기에 치중했다.

　내가 카페에서 사과 썰던 모습을 보았던 간호사 선배들은 지금까
지도 간호사 일 보다 사과를 더 열심히 썰었더라며, 내 모습을 회자하
고 잊지못할 소중하고 좋은 추억으로 남았다.

-너는 머리가 똑똑한 것 같은데

부모님의 도움으로 카페를 차릴 수 없다면 내가 직접 간호사로 돈을 모아 투자를 해봐야겠다는 생각을 했다. 그래서 카페를 관두고 간호사로 복직하기 전, 난 줄곧 보았던 부동산 경매 사이트를 더욱 진지하게 보았다. 보는 눈을 키워야겠다는 생각에 저녁마다 컴퓨터에 앉아 새로 올라온 물건들을 보았다. 팁을 하나 알려주자면, 물건이나 정보를 보려면 유료 서비스라서 돈을 내야하는데, 난 그 돈이 아까웠고 없어서 블로그에 검색했다. 그러면, 그 물건을 중개하려는 부동산에서 사건 번호 등이나 사진을 올려두었고, 전화를 해서 물으면 어떠한 것인지 살짝 알 수가 있었다. 또한, 부정형, 정형, 하수도 시설 등 어떤 것이 있어야 더 값어치가 있는지와 비가 오면 흘러내릴 토지일 지 몹쓸 땅일지 등등을 공부해 갔다.

그렇게 공부를 하다가 도봉산 아래 부지 하나가 물건에 떴었다. 500만 원이었는데, 학생 때 버스를 타고 가면 꼭 도봉산역을 지나쳤고, 도봉산 밑에서 막걸리 드시는 등산객 분들을 많이 볼 수 있었다. 그래서 그곳에서 막걸리를 팔아도 되겠다는 생각이 떠올라서 무척 물건이 탐났다. 가족들에게 어떻냐고 했더니, 돌아오는 답은 뜨뜻 미지근 했다. 내 눈이 아직 어린가 보다 싶어서 매매하지 않았고 간호사로 복직을 하였다.

그런데 그 땅이 서울의 땅값이 폭등을 시작했다. 무척 아까웠지만 카페 이야기처럼 '나에게 안목이라는 것이 있구나.' 라는 생각에 부동산이나 사업에 대해 또다시 포트폴리오 들을 작성했다. 그리고 이런 잔잔바리 들이 내가 간호사 외에 것들에 관심두기를 멈출 수 없는 자양분 역할을 해주었으며, 나의 예상들이 좋은 결과로 이어지는 것을 두번 보면서 내가 나를 믿고 '고!' 할 수 있도록 자기 확신을 가질 수 있는 실력과 뚝심을 만들어 나가자고 생각했다.

새로운 곳에서 일을 시작할 때면 나는 배운 내용을 서면으로 작성해서 기존의 멤버 선생님들께 확인을 자처해서 열심히 하는 이미지를 심고, 분위기를 나의 것으로 만드는 편이다. 이렇게 빨리 욕심내서 일을 배워내는 이유는 솔직히 말하면, 내가 하고 싶은 생각들을 하려고, 간호사 일을 내 몸에 빨리 익히는 작업이다. 그 병원의 일 스타일을 몸에 익히고 공부하고 나면, 나의 출근은 훨씬 가벼워진다. 매도 먼저 맞는 걸 택하는 것이다. 또한, 이 때는 사업 포트폴리오 작성하길 좋아해서 노트북을 들고 카페에서 파일 만들기를 즐겼던 때이다. 그래서 퇴근 후 강남의 야경이 보이는 카페에서 작업을 하기도 하고, 내가 10년 동안 다니는 학동 역의 대형 카페에서 휴식 및 작업을 즐겼다.

　이 점에서 중요한 포인트는 내가 좋아하는 것에 해야 할 것들을 곁들이는 것이다. 내가 좋아서 작성했지만, 지금껏 간호사들 일은 구두와 수첩으로만 이루어졌기에, 문서화 하여 확인 맡은 사람은 보기 드물다. 그래서 내가 좋아하는 걸로 일타이피 칭찬을 받을 수 있는 것이다. 내 성격이라기보다는 뭔가를 기록하길 좋아하고 컴퓨터로 만지고 노는 걸 좋아해서 정리해갔더니, 선생님의 표정은 "어랏, 애 제법인데?" 하는 표정이었고, 그렇게 여러 사람과 안 맞기로 유명했지만, 난 그 분과 아직도 연락을 할 정도로 그 당시에 퇴근 시간이 다르면 기다렸다가 밥을 먹거나 휴일에도 맛집들을 다니는 사이이다.

　호랑이 선생님의 눈 밖에 나지 않아야 내가 편해야 한다는 거도 있지만, 그 말은 곧 일로서는 혼날 일이 없다는 좋은 뜻이다. 간혹, 일을 잘해도 못되게 구는 자들이 있는데, 힘들겠지만 그런 사람들은 속으로 무시하기를 시작하고 연습해야 한다. 일이나 이론으로 질문하고 파고들면 그 사람들은 날 피할 것이다. 간혹 또라이들은 언제까지 물을 거냐고 하기는 한다. 혹시 지금 누가 이런 선배가 괴롭힌다면, 공부를 더 해서 파고드는 질문을 해 보아라. 백방이다. 뒤에서 더욱 자세히 다루겠다.

그렇게 난 1년 만에 복직 한 곳에서 첫 출근 날, 밤 11시까지 근무를 했다. 일이 바쁜 게 훤히 보이고, 누가 보아도 일손이 부족한데 내가 할 수 있고, 도우면 되겠는 걸 모른 척 할 수가 없었다. 그리고 무엇보다도 연장 근무 수당을 주기 때문에 기꺼이 일하였다. 물건이 왔다면서 마취과 차지 선생님은 물론, 수 선생님까지 칭찬을 하셨고, 임무완료! 라는 생각이 들면서 퇴근 후에는 마음 편히 사업 노트를 써나가는 재미에 빠졌다.

그러던, 어느 날 마취과 원장님 한 분이 허심탄회하게 나를 따로 불렀다. "넌 머리가 똑똑한 것 같거든? 근데, 일할 때 보면 너의 몸은 여기에 있는데, 정신은 다른데 두고 온 것 같아." 난 일도 하고 미래 준비도 잘 하는 사람이라고 생각했는데, 그건 착각이었다. 그래서 내가 어쩌면 둘 다 잘못하고 있는 건 아닌 지 되돌아보게도 되었고, 그런 말을 해주실 만큼 메타 인지를 갖고 계시는 분을 만나서 감사했다. 왜냐하면 사회에서 나이를 먹을수록 나의 단점을 집어 주는 사람은 적어진다. 그러면 그 사람은 자신이 어떤지도 모른 채 생긴 대로 굴러가는 것이다. 회사를 재치고, 나의 라이프를 잘 그려나가고 있다는 착각을 깨도록 만들었고, 그 사실을 알았으니 앞으로 더욱 조심히 나의 속내를 숨겨야 하겠다는 생각도 들었다. 난 남을 잘 안 챙기는 편이지만, 스승의 날 때 삼계 빵을 제작 주문하여 선물하며 감사를 표하였다. 그리고 난 정체가 탄로난 코난 마냥 회사를 옮겼다. 물론, 연봉을 더 주는 곳으로,

PART 1.
10년차 간호사

–마취과 10년차, 그리고 피부과 0년차

커피 일을 하겠다면서 한번 간호사를 관뒀었고, 돈부터 모으고 오자라는 생각에 현실로 돌아가 복직을 했었다. 그래서 나에게 병원을 고르는 기준은 다른 병원들 보다 높은 페이를 주는 지가 1순위이고, 그에 따라 이직할 때 마다 연봉 올리기에 몰입하기 시작했다.

현 직장에서는 어떤 요구를 해야 하며, 이직을 할 때 어떻게 해야 하는지 나를 위한 온갖 수들을 써보아야 했다. 이직을 여러 번 하다 보니, 자연스레 살 길을 확장해 나가며 뚫는 법을 터득하게 된 것이다. 그리고 재미있는 것은, 이 시작이 철저한 나의 계산적인 의도라기 보다는 회사 간에서 서로 나를 가지려는 팽팽한 조건 제시에서 배웠다는 것이다. 흔히 들 간호사라는 직업 자체는 정해진 연봉 테이블이 있다고 생각한다. 그래서 인센티브를 기대할 수 없는 건 대학병원 아니고 서야 모든 간호사들이 알고 있는 부분일 것이다. 그러나 방법이 아주 없는 것은 아니다. 간호사 수는 늘어난다지만, 정작 일할 사람과 1이 되는 사람까지 당장 늘어나는 것이 아니기 때문이다.

병원 이익 구조 상 간호사를 바라보는 시각은 그저 의사 밑에서 보조 할 사람일 뿐이다. 비약이 심하다 싶겠지만, 내가 10년 동안 몸담은 병원들의 생각 뿌리는 이 정도에서 크게 벗어나지 않았다. 간호사는 그중 자격이라는 게 주어진 것뿐인 직업일 뿐이었다. 그나마 차이가 있다면, 이걸 드러내놓고 병원을 운영하냐, 아니면 좀 더 챙겨 주려 하는 것이다.

회사의 오너 마음이야 어떠하든 알아차릴 수 없다면, 주머니를 두둑하게 해 주는 지를 보면 쉽게 알 수 있다. 단순하게 속내를 드러내는 곳은 고 연차의 비율이 현저히 낮다. 그저 누군가는 있어야 한다는 마인드로 최대한 저렴한 인건비를 지불하고 싶은 것이다. (물론 사람이 저렴하다는 뜻은 아니다.) 머릿수만 채우고 가는 것이다. 마취과 같은 경우는 수술 방에 상주하는 마취과 의사가 없다거나 마취 간호사가 전혀 없었고, 내가 입사하면 유일한 마취과인 곳이 그러한 곳이다.

그러나, 수술이 많은 곳 중에서는 머릿수도 중요하지만, 머리를 질적으로 써서 돌려야 하는 규모의 병원들도 여럿 있다. 이런 곳은 어느 정도 간호사의 역량을 인정해 주는 병원인데, 바쁠수록 요구하는 바를 말하기가 수월한 것이 장점이다. 단점은 못하는 사람 또한 쉽게 내치지 않는 것이다. 간호사의 일의 양과 질은 환자로부터 나온다. 다섯 침대에 환자가 있을 때 3명 중 한 명이 놀면 2명에서 5명을 케어해야 한다. 간호사 한 명이 논다고 해서 환자도 가만히 방치할 수 없는 것이 병원 일이다. 누가 안 하면 다른 사람이 더 해야 하는 시스템인 것이다. 그래서 월급은 같은데, 누구는 일을 더하고 누구는 덜 하고가 되는 것이다. 그럼에도 신기하리 만치 꼭 이런 곳은 연차는 많고, 일은 죽어도 안 하려 하는 꼰대들이 꼭 곁들여 있다. 특히나 내가 어지러웠던 곳의 상황은 선배는 놀고 있고, 갓 들어온 신규는 환자의 숨통 튜브를 의사의 오더 없이 빼버리는 위험하고 당돌한 태도를 목격했을 때이다. 기계 호흡을 하다가 환자 스스로 호흡할 수 있는 지를 학인학 튜브를 제거해야 한다. 혼자 숨을 못 쉬는데 숨구멍을 떼버린 격이다. 그런 신규를 놀랍지도 않아 하고 넘어가는 병원의 태도는 나의 사기를 무너트리기에 참으로 좋았다.

그래서, 내가 병원을 고르는 기준은 내 연차에 대한 인정과 이해도가 있는 지인데, 그걸 알 수 있는 대표적인 지표가 연봉과 간호사 비율이다. 수술 방 갯수에 따라서 간호사가 한 방에 한 명씩 배정 받도록 되어 있는 지가 중요하다. 그래서 나는 면접을 볼 때 질문지를 몇 가지 작성해 간다. 간략히 말하자면, 연봉, 수술방 갯수, 하루 수술건수, 룸킵 여부, 현재 간호사 명수, 채용하는 이유, 마취과장님 인원수, 마취과장님 성별이다.

물론, 연봉은 얼마나 간호사들의 경력 인정을 해 주는지를 알 수 있는 큰 지표이니 당연히 적정선 인지를 확인해야 한다. 그 다음으로는 수술방 개수가 적을수록 피해야 한다. 하루에 많은 수술을 최대한 하는 것이 병원의 수익구조이다. 물론, 병원장이 건물주라서 의사 일을 심심풀이로 한다면 아니겠지만, 그런 곳은 내가 아는 한 20군데 중 한군데 정도일까 싶다. 하루에 수술 10케이스를 방 4개로 하느냐 아니면 방 6개로 하느냐는 단지 수적인 의미를 넘어서 간호사 한 명의 하루 할당량뿐만이 아니라 그에 따른 일의 강도까지 결정짓는다. 내 경험으로는 방 개수가 적은 곳일수록 뺑뺑이가 심해서 몸이 힘들었고, 기피하는 곳으로 낙인시켰다.

룸 킵 여부는 간호부에 대한 마취 원장님의 파워를 알 수 있는 부분이다. 보통 수술실의 수 선생님은 스크럽 출신들이 많다. 그래서 일하는 동안 마취과는 조금이라도 널널해 보인다 싶으면 스크럽 일 중 경계가 모호한 일을 시키거나, 심지어는 수술 방에서 마취과 의자를 다 빼라고 지시하기도 한다. 그럴 때 방패막이 되어 주시는 분이 마취과 의사이다.

수술실은 마취 원장님이 외래와 겸업하는 경우에는 간호사들로 방을 채우는 경우도 있고, 소규모 병원은 마치 원장님이 상주하는 것이 아니라 필요할 때마다 프리랜서 의사를 부르는 경우도 있다. 프리랜서는 의사가 마취만 걸어주고 퇴근하기 때문에 차팅 업무는 기본이며 전반적인 마취 관련 업무는 간호사의 몫이 된다. 상주 마취 의사가 없다는 것은 그만큼 부서의 중요도를 낮게 생각하는 병원이며, 마취 간호사는 쭈그려서 일하는 노예일 뿐이다.

해당 부서의 배정된 간호사 수는 수술방 기준으로 방+1 정도면 완벽하며, 룸과 1:1인것 또한 준수한 편이다. 또한, 오프가 가장 중요한데 원활하게 내 연차를 쓸 수 있는 지, 누구 한 명이라도 휴가를 가면 나머지 일을 독박 수준으로 해야 하는 지, 적절한 분배가 가능한 지를 가늠할 수 있다.

채용하는 이유는 있던 인원이 나가서 인지, 확장을 위한 추가 채용인지가 중요하다. 나가는 사람이 얼마 동안 일을 하다가 어떤 사유로 나갔는지는 득과 실을 생각하고 알려 줄 것이다. 아무래도 병원 입장에서는 보수적으로 말하겠지만 이때 마인드를 읽을 수 있다. 확장에 따라 증원하는 것을 공평하게 일을 나누기 위함이라고 직결시킬 수는 없다. 늘 인원을 최소화하고 싶은 게 병원 입장이기 때문이다. 모든 것이 잘 보이려는 시늉이라도 하는 것이냐가 중요한데, 확장에 따른 증원은 병원이 그만큼 인력에 필요성을 알고 있는 지를 엿볼 수 있다. 이 때 꼭 물어봐야 할 것이 이전과 나의 입사 후에 인력 배치이다.

어쩔 수 없이 또 새로운 호구를 찾는 건 아닌지 확인해야한다.

그 다음으로는, 마취 의사가 두 명 이상이면 그곳은 수술 방이 5개
는 기본으로 넘어간다는 뜻이 될 수도 있다. 마취 원장님이 두명 일
경우는 두 분에서 수술을 나눠서 동사에 최대한 많은 방을 열겠다는
뜻으로, 그런 곳은 공장처럼 돌려서 힘들 수 있다. 하지만 그만큼 업
무 분담을 깔끔히 하고 보수도 깔끔히 잘 챙겨 주는 곳이 대부분이니
안심해도 된다.

마지막으로 가장 밀접한 영향을 받는 마취과 의사들에 대해 말하
자면, 일을 하면서 만난 마취과 의사 중 한 명이 할 말은 딱 하고, 일
못하는 간호사들은 이해할 지라도 일도 못하는데, 꾀까지 부리는 간
호사들을 싫어했다. 한번은, 내가 이전에 말했던 수혈 팩을 찢어버린
선생님이 의학적 지식도 부족하고, 연차로 깔고 뭉개며 일은 안 하려
하는 스타일이었는데, pint를 paint로 적는 다거나 의사에게 보고도
없이 일을 시행하는 선배였다. 그 선배 방에 환자가 산소 농도가 떨어
져서 구강 에어 웨이를 넣어야 하는데, 그걸 의사들이 기도 확보 자세
로 얼굴을 잡으면 간호사들이 넣는 경우가 있다. 기도는 'ㄱ'자로 꺽
여 있기 때문에 'ㄴ'자로 넣어서 목에 걸려서 내려가기 직전에 'ㄱ'자
로 방향을 틀어 주어야 한다. 그걸 못하는 선배였고, 의사는 그 선배
가 일을 못하고, 날 괴롭힌 다는 사실을 알고 있었다. 그 선생님이 본
인 방 환자를 노티 해 달라하여 원장님께 말했더니, "아무것도 하지

말고 가만히 있으라 그래요." 라고 했다. 난 그래서 그대로 그 선생님께 선생님 원장님께서 아무것도 하지 말고 기다리시래요. 라고 말하면서 쾌감을 느꼈다. 누구나 하고 있는 일을 그 사람은 못하게 한다는 것은 일적으로 신뢰를 하지 않는다는 뜻이다. 그래서 그 선생님께서는 이 의사 분이 이상해 보였겠지만, 난 참으로 정의로운 분으로 보였다. 까칠하고 요구도가 여럿이라 했으나 내 성격은 원하는 게 분명한 것을 좋아하기 때문에 일적으로 불편한 적이 전혀 없었다. 이렇게 시원한 성격이신 분은 내 10년 간호사 경력 중 유일무이하다.

또 다른 경우는 일을 하다가 마음에 안 들면 요구하는 걸 말하는 게 아니라 아니~, 아니~ 라면서 빤히 바라보는 분이었다. 선배들은 그분의 그런 스타일을 힘들어 해서 우는 분도 있었다. 그러나, 나는 아니라고 하니 다른 경우의 수나 흑백논리를 대입하여 다음 방법을 적용 했고, 그렇게 아니다 싶으면 바로 티 내는 분이 오히려 너무 편했다. 만족하지 못하는 게 티가 나는데, 무엇인지 말해주지 않고 탐탁지 않아 하기만 하는 태도를 나는 너무나 잘 읽었고, 그건 완전 내가 일하는 것에 아무런 기대조차 하지 않는 뜻으로 느껴졌기 때문이다. 넌 수준이 그 정도니, 말을 말자 라는 느낌이랄까?

내가 겪었던 최악의 마취과 의사는 손씨 남자이다. 성을 거론해서 죄송하지만, 정말 모든 간호사가 피해가길 바라는 조바심에 거론한다. 7년차인 내가 도저히 장단을 맞출 수 없는 캐릭터였으며, 그동안 거쳐 온 병원과 너무나도 다르게 마취 후 환자 포지션을 잡았다. 내가 간호사니, 의사의 오더에 따르는 것을 감안하더라도 모두가 혀를 내두를 정도의 사람이었으며, 나 또한 그 사람의 입맛을 맞추지 못하였다. 윽박을 자주 지르고 정색을 자주 하면서 다른 스타일은 그저 틀렸다고 아니라면서 무시를 하니, 간호사는 나의 길이 아닌가 라는 생각을 엄청 했다. 다른 곳에서 일하며 칭찬도 받아왔던 내가 최악의 간호사라는 생각을 하게 만드는 사람이었다. 한 예로는 Etco2 감시 장치를 보통 전신마취 때 사용하나, 그 의사는 다른 마취 시에도 꼭 사용하였는데, 제품 그대로가 아닌 실리콘 줄을 라이터로 열을 발생시켜 구부려서 사용하도록 했고, 그 각도가 맞지 않으면 거품을 물었다. 감염에 예민하면서도 약을 줄 때는 알코올로 닦지도 않고 주는 스타일이 난 참 어려웠다. 그래서 향정을 앞에서 깨먹기 일쑤였고, 간호사를 관두려고 사직서를 냈다. 병원에서는 나를 경력자로 연봉을 다른사람들 보다 높여서 데려 온 사람이었고, 그 의사가 여럿 내보낸다는 것도 알았기에 부서 이동을 권하였다. 그렇게 이동 후 난 1년이라는 시간동안 진급도 하여 대리로 근무하였다. 그리고 가장 재미있는 것은, 그 의사가 개원을 하겠다며 관두었다가 일주일 만에 철회를 했는데, 병원장님이 그래도 사표를 수리한 것과 인생을 바르게 살아야 한다는 교훈 또한 주었는데, 하필이면 내 대학 동기가 일하는 곳으로 가서 모든 이야기를 듣게 된 것이다. 그곳에서도 늘 하던 대로 했더니, 20

년차 경력의 마취과 간호사 선생님께서 수술실에서 불을 쓰는 게 맞느냐며 산소가 있는데, 뭐하는 거냐고 말했다고 한다. 그 외에도 다른 부서까지 마음대로 쥐락펴락 하려다가 되질 않자 병원장님께 말했더니, 병원장님은 다 일 잘해주고 있고 함께 해온 지 오래된 식구들이니 잘 맞춰가면서 일하라고 했다는 것이다. 비위 맞추며 담배 피는 시간에 굽신거렸던 상대가 사람이 내 대학 동기이고, 가장 친한 친구인 것을 알면 어떤 표정일지도 보지 않아도 통쾌했다.

이 정도면 마취과가 지뢰밭인 게 아닐까 싶을 거다. 그러나 좋은 의사들도 무척 많다. 간호사와 가장 많이 접촉하는 직군이 의사이다 보니, 정말 뗄래야 뗄 수 없는 이야기이고 관계이다. 그래서 사람은 늘 정도라는 게 필요한가 싶다. 나 또한 병원을 옮길 때 마다 한 대학교 출신 마취과 의사들이 누구에게서 들었다고, 어디서 왔다며 라면서 입사 날 부터 알고 있는 경우도 있고, 그 분들의 후배들이 최근 소식을 말 해주는 경우도 있다.

이러쿵 저러쿵 말할 수 있을 만큼 나는 척추 관절 병원을 도가 틀 정도로 옮겨 다녔다. 그래서 척추 관절에서는 안 해 본 마취나 마취 물품들이 없을 정도이다. 덕분에, 지금 오픈 병원에서 오픈 준비가 가능했고, 금방 마취 원장님과의 일적인 낯가림도 풀 수 있었다. 다만, 나에게는 대학 병원 출신이 아닌 것에 콤플렉스가 있었다. 늘 나는 내가 아는 것에는 한계가 있고 부족하다라는 생각을 지녀왔다. 게다가,

선배 한 명이 말끝마다 내가 대병 다닐 때는~ 이라는 말을 자주했는데, 일을 잘하는 편은 아니라서 그깟 대학 병원 마취 출신이 뭔데 저러나 싶은 자격지심도 있었다.

그래서 보수 교육을 마취 간호와 심전도 교육 위주로 신청했는데, 교수가 '타젯'이라고 읽어서 나도 그렇게 영상을 제작한 것을 보고, 대병 출신 선배가 타젯이 아니라 타켓인데 라며 또 비아냥거리기 시작했다. 늘, 나더러 가라가 아니라 FM으로 알려줘요 라며 후배 교육을 시키는 사람이었다. 이거 보수 교육에서 교수님께서 발음 하신 것 그대로 따라 읊었다고 했더니, 아닌데 라면서 본인 생각을 바꾸지 않는 사람이었다. 덕분에 난 책과 교육을 더욱이 들었고, 아무리 배우러 다녀도 그런 갈증이 사라지지 않았다.

그래서 내가 더 배울 수 있는 선배가 있는 큰 곳으로 가려는 열망이 있었고, 대학병원 신규로도 지원해 보았으나, 원하는 대로 되지 않았다. 그러던 중 내가 가고 싶었던 복지 좋은 병원에 1년 만에 공고가 생겨서 이직하겠다 했더니, 회사에서 진급을 시켜주겠다면서 신관이 열리면 그곳을 나더러 관리하라는 제안을 했다. 난 솔직히 회사가 크는 데에는 별 생각이 없었다. 아니, 떡잎이 보여서 그 병원이 종합병원이 되고 싶어 한다던데 전혀 그럴 수 있는 곳이라 생각되지 않았다. 함께 종합병원으로 가는 길이 멋있지 않겠냐며 잡으셨는데, 난 페이를 더 주는 곳으로 이직했다.

그리고 이직한 곳의 일은 너무나 편했고, 그동안 공장처럼 일하던 환경이 아니라 수술이 일찍 끝나면 낮잠도 자고, 중간에 은행 업무 등 외출도 자유로우며 퇴근 시간도 일정한 시간으로 보장되는 직장 생활을 보냈다. 진급도 거듭 되었으며, 내가 원하는 연봉으로 입사하여 회사에 정해진 연봉 테이블을 무너트렸으며, 간호부장님부터가 나에게 우호적이셨다. 관두겠다고 하니, 편의를 많이 봐 준 곳이었다.

인생에 지루함을 잘 느끼는 내가 이번에는, 사우디 간호사를 준비하겠다는 명목으로 1년 반이란 시간에 마침표를 찍었다. 다음에 불러주시면 다시 올게요. 지금은 이것저것 해봐야 할 때인 것 같아요. 라고 말했다. 그 때 나이가 서른 살이 지났을 때이다.

사우디 간호사를 목적으로 4개월의 연수를 받으며 합 1년을 쉬었지만, 결국 국내에 남게 되었고, 다시 돈을 벌러 구직을 하였다. 1년여 만에 복직한 곳은 척추 관절뿐만 아니라 일반 외과 수술도 있는 곳이었다. 그런데, 마취 간호사 한 명이 한 달 동안 해외에 놀러 가서 나를 뽑은 것이란다. 그것도, 내 대학 동기를 그곳에서 만났고, 내가 90년 생인 걸 알게 되면서 마취과 동갑내기 쌤이 말을 해준 것이었다. 한 달 여행 간다는 간호사는 막말이 심한 편이었는데, 3일만 다녀도 알만한 것이 수 선생님께서 그 간호사에게 개인적인 모든 것 까지 미주알고주알 상담을 하며 기대는 것을 많이 목격했다. 그래서 그 간호사는 본인 하고 싶은 대로 선후배 누구랄 것도 없이 언니라고 부르거나 야라고 부르며, 육두문자까지 퍼부었고, 그 옆에서 속도 없이 아부를 떠는 사람도 있었다. 그 사람이 한 달 동안 연차도 아니고 무급으로 휴가를 갈 수 있는 것도, 다른 마취 간호사들은 동의하지 않았으나, 수 선생님의 단독으로 결정이며 통보였다고 한다. 짐작은 했으나 사실을 보고 들으니, 여기도 텄다 싶었다.

눈치는 또 빨라서 그 친구는 나를 더욱 건드리려고 했으나, 안타깝게도 마취과 일로는 나보다 경력이나 지식 모두가 부족했다. 그러면서 자기 순번일 때는 뭐하느라 바쁘다며 나에게 잠시 해달라고 던져두었다. 그 사람이 해야 한다는 일은 마취 일이 아니었고, 지금 해야만 하는 일도 아니었다. 난 속으로 얘가 미쳤나 싶었고, 억울한 건 참으면 홧병이 된다고 생각하는 편이라서 마취 원장님까지 듣도록 토시 하나 틀리지 않고 말하였다. 입사한 지 일주일도 채 되지 않아서 성질을 낼 수는 없으니 두고 보았다. 역시나 그런 일은 반복이 되었고, 나의 참을 인 게이지는 동이 나기 시작했다. 출근이 하기 싫어졌다. 그렇게 퇴사를 했다.

무작정 관두었으나, 일주일 만에 바로 이직을 하여 일을 하기 시작했다. 출근한 지 3일이 지나, 그 병원에서 연락이 왔다. 병원장 님 비서인데, 왜 관두었는지 궁금해 하신다면서 죄송하지만 말해 줄 수 없겠냐고 했다. 난 그래서 거기 수 선생님이 사람 한 명 말만 믿고 의지하면서 비속어를 쓰고 사람들에게 막 대하는 데도 저지하는 것이 하나도 없다. 일 또한, 자기 할 일을 하지 않고 미루는데, 난 그런 분위기에서 일하고 싶지 않았다. 라고 했더니, 여기 선생님들 말로는 선생님이 마취과 일이 지겹다고 했다면서 그래서 관둔 거라고 했다던데요. 라길래, 제가 이 업무를 오래 해서 지겨워서 사우디를 준비했다는 말을 누누히 하긴 했는데, 제가 지금 이직해서 마취과이거든요. 이걸로 모든 게 설명이 될까요 라고 했더니, 아, 그렇지 않아도 그 분들 문제가 있을 거라는 추측은 하고 있었는데, 퇴사하셨는데도 말씀 해 주셔서 감사하다, 원장님께서 무척 아쉬워하셔서서 따로 전화 드린 거다. 잘 지내시고 좋은 기회가 되면 언제든 닿기를 기다리고 있겠다면서 전화를 끊으셨다.

남자 간호사들이 레지던트 같은 역할을 하고 있었고, 더욱이 기괴한 것이 마취과 간호사를 대신하여 어시스트가 전신 마취 중에 튜브에서 이너 시스 빼는 업무 구분이었다. 여자 간호사는 그저 보조였고, 간호사가 하는 일들은 여자가 아닌 남자 간호사들에게만 부여 되는 것이 너무 이상했다. 난 간호사 일에서 남녀가 있다는 것을 납득하지 못하는 편이다. 의사가 하는 일도 아니고, 간호사가 하는 일을, 그것도 마취과 간호사가 있는데, 그걸 굳이 어시스트들이 빼다? 마취과도 아닌데? 더욱 가관인 것은 환자 수술 자세를 잡을 때, 마취 간호사의 포지션은 늘 환자 머리 옆이 고정자리이다. 그러나 그 자리를 어시스트들이 자리 잡고, 마취과 간호사는 환자 다리 쪽에서 패드를 깔아주고 맞춰 주느라 머리 곁에는 있을 새가 없었다. 너무나, 내 기준에서는 엉망진창이었다. 내가 몸담은 척추 관절의 10년이 욕보이는 느낌이랄까, 그런 회사에서 마취과 간호사에 대한 대우가 어떠할 지 눈에 훤히 보였으며, 올드 들은 전혀 액팅을 하지 않고 회복실에 앉아서 떠들기만 했다. 액팅들이 한방씩 킵을 하고 하루 종일 방안에 갇혀 일하는 모양이 그럴 수 있다고 도 하지만, 그러기엔 올드들이 하는 업무가 없었다. 나에겐 너무나 지각 변동이 일어나서 잠시 뒤에라도 지진이 일어날 것 같은데, 나를 제외한 그곳에 모두가 그걸 당연 스럽게 하고 있었다. 그렇게 어리 둥절 하면서 고민 하던 중에 기숙사를 구했다며, 집 주소를 주었다. 가보았더니 2층 원룸에 햇빛은 다 가려지고 창문은 건물 내부를 향하고 있으며, 더블 사이드 침대 하나가 들어가도 몸을 벽에 밀착시켜야 할 것 같은 곳이었다. 그때 참으로 와르르 맘이 무너졌다. 내 능력으로 사회에서 인정받고 대우 받는 것은 이 정도이구나 라는 현타가 왔다.

수요일 휴일에 그곳을 본 뒤 출근을 했더니, 연봉 계약서를 쓰자고 했다. 난 내 눈을 의심했다. 내가 처음 계약한 연봉도 줄여서 온 건데도, 그게 연장 근무를 하루에 몇 시간 씩 꼬박했을 때의 연봉이었다. 갑자기 말을 바꾼 것이다. 연장 근무를 했을 때 기준으로 잘못 알려 준 곳은 처음이었다. 그래서 면접 볼 때 난 늘 퇴직금 포함인지 미포함 인지를 묻고, 기본 연봉을 확실히 집고 넘어간다. 과감히 일주일 만에 빠이하였다. 마취과 차지 쌤은 잘하더니 아쉽다고 하였다. 그리고 그곳에 일 스타일을 정리하면서 카페에서 글씨도 안 보이는 사진을 찍어 프사로 올렸는데, 관두고 일주일 뒤에 회사 정보는 내려달라고 카톡이 왔다.

　다시 구인 공고를 보던 중, 마취과는 너무 돌아다녔더니 갈만한 곳이 없었고, 수술실의 환경과 업무가 지겹다 라는 생각도 커지던 참에 완전 생소한 피부과가 내 눈 안에 들어왔다. 그저 피부과이면 안 갔겠지만, 대학 병원 소속이어서 나이 들어서 명함 내밀기엔 괜찮겠다는 생각을 했다. 그래서 내 연차 전부를 인정받지는 못할 것은 어느 정도는 감안하며, 연봉의 하한선을 생각하고 면접을 보았다. 면접은 1차가 팀장님, 2차가 교수님 이었는데, 2차까지는 당일에 바로 순조롭게 넘어갔고 내 인생관이나 해왔던 것들을 들으면서 교수님이 같이 일하고 싶다면서 임원 면접을 잘 봐달라고 하셨다. 임원 면접에는 내가 처음 간호사로 일한 모 대학 병원의 면접관님이 그래도 병원장님 이셔서 마주하게 되었다. 원형 식탁처럼 둥그렇게 면접관 5명이 앉아서 나 포함 두 명에게 질문을 하였는데, 내 경력이 있음에도 그 분위기는 무척 압도적이었다. 그랬더니, 병원장님은 신규 면접 때도 자기를 보지 않았냐 했고, 임원 면접 잘 보라던 교수님도 그 자리에 계셨다 따놓은 당선으로 면접을 보고 나왔고, 합격 보를 받아 출근을 하기 시작했다. 연봉도 직전 그대로 인정받았고, 직급도 주임으로 들어가게 됐다.

출근은 10시까지 이며 일이 없으면 퇴근이 5시 반이었다. 심지어 하루에 환자가 많으면 20명이었으니, 마취과와 달리 널널하다고 느꼈고, 식사 시간도 한 시간이나 되어서 밥 먹고 커피를 마셔도 시간이 남아돌았다. 좋은 봄 날씨에 커피를 사 들고 주변 정원을 산책하는데 이 어찌나 여유로운 간호사 인생인지, 이제 고생 끝에 볕이 드나 싶었다.

팀장님은 좋아라 하는 나에게 아직 속단하기 이르다면서 너무 기대를 하지 말고, 낮춰야 나중에 실망이 덜 한다며 업된 나를 잡아주셨다. 한 달이 지나고 나니, 일에 자신감이 하늘을 찌르던 나는 약물은 리도카인과 트리암 밖에 몰랐으며, 레이저 기계들도 비슷하게 생겨서 구분을 하기가 어려웠다. 심지어, 알코올로 얼굴 닦는 순서와 얼음을 대 주는 순서도 따로 있어서 동공 지진이었다. 간호사라지만, 의학적 근거에 따른 업무보다는 에스테틱 서비스에 준하는 업무였고, 간호사여야 하는 이유는 주사 업무라거나 "저희는 조무사가 아니라 간호사가 해줘요." 라는 의미부여용이었다. 깨어 있는 사람을 상대하여야 해서 겉핥기가 아닌 수준 높은 서비스 감성도 필요했다. 가장 큰 부담은 시술을 하다가 환자가 하고 싶은 것을 갑자기 말하더라도 주저하지 않고, 가격을 바로 말해 주어야 했다. 그 시술은 종류는 수십 가지이며, 부위마다 가격이 전부 다르다. 시술이 끝나고 환자가 옷매

무새를 정리하고 나오는 사이에 나는 루틴 처방이나 묶음 처방이 아니라, 가격에 따라 처방을 맞춰 넣고, 수납처에 가서 카드로 계산하는 것 까지 해야 한다. 원 스톱 시스템제이다.

입사 면접 때는 원무과 직원들이 우리 보다 일찍 퇴근을 하니, 내가 수납을 할 줄 알아야 한다고 설명 들었는데, 근무 시간 내나 모든 가격 처방과 수납은 내 업무였다. 알고 보니, 상담은 팀장님이 하고 수납은 부팀장님 일이었는데, 그들이 어떤 일을 더 하는지는 나는 아직 알지 못한다.

슬슬 수납 업무가 불편해졌는데, 혼날 때는 간호사가 아닌 피부 관리사 매니저님께 혼이 났다. 업무를 같은 간호사가 아닌 타 직종에게 받는 다는 것을 전혀 알지 못했다. 혼나는 일은 엑셀 파일로 수납 부분이 정리되어 있지 않아서였는데, 그곳에서 내가 혼나야 할 업무였다. 그곳에서 수납 일은 세 번 걸리면 시말서를 써야 하는 정도였다. 서면은 둘째였고, 환자에게 투약하거나 환자의 신체 안정과 관련된 것이 주요 순서였던 것에 반하여 서브라고 생각하고, 주요도에서 등한시했던 것들이 주 업무가 되니 보통 혼란스러운 것이 아니었다.

수 선생님은 나보다 한 살 어렸는데, 내가 자기를 무시한다면서 괴롭히면서 같이 들어온 동기에게 일을 알려주었다. 알려주지 않은 것을 착각하고 소지 지르기도 했고, 마약 관련 처방에 있어서 무 수가로 넣어야 함을 알려주지 않아서 수가로 넣었는데, 그걸 재처리하는 건

불법이라는 식으로 몰아가며 일을 키웠다. 내가 십년 동안 마약 카운트를 하고, 관리를 했는데, 나에게 어디에 보고해야 한다는 둥 왜 이리 일을 크게 만드느냐면서 단전에서부터 짜증을 끌어오는 것이다.

약을 잘못 뜯어 쓴 게 아니라 처방이 잘못 들어간 것은 삭제를 하고 다시 입력하면 된다. 마약은 사용분과 처방이 1:1로 맞으면 되는 것이다. 잔량까지 포함해서 전체 개수가 맞으면 흐트러짐이나 문제나 범죄나 투약 오류나 환자 위해 사건이 전혀 아니다. 내가 한 실수이니, 늘 병원에서 써 오던 프로토콜대로 처리를 했다. 그랬더니, 그거 다시 하려면 원무과랑 어쩌고 저쩌고 복잡해진다면서 뭐하는 짓이냐며 알려 주는 대로 짜증을 내며, 어디서 파일을 찾더니 그걸 따라 재처리 했다. 그 파일을 보고 따라한 게 결국 방금 전 내가 한 일이었고, 내가 뭐가 다른가 싶어 그 파일을 보니 내가 한 일이었다. 그 선생님은 퇴사를 하였고, 내가 카톡에서 삭제해서인지 사과는 아직 받지 못했다.

내가 그곳을 관두었던 결정적 이유는 그 사람이 내가 입사 한 지 한 달 만에 퇴사를 했고, 그게 내 입사 전부터 내부에서 알고 있던 거였다. 두고 떠나려니 그 사람의 마음은 더 급했으며 자기 후임으로 나는 절대 안 된다며 떠났다고 한다.

다른 쌤은 수술 방 경력이 없어서 수술 기구나 과정에 대해 전혀 무지했고, 수술 방은 최악이었다. 기구들은 녹슬어 있었으며, 어느 세트에 무슨 기구가 몇 개씩 들었는지 전혀 정리된 파일이 없었다. 그걸 물어보니 이전에 있던 선생님은 자기는 나갈 사람이라면서 만들고 싶으면 만들라고 했다. 그곳은 개원하지 10년이 넘은 곳이다. 재밌다. 기구를 사용 후에 씻어 말려서 개수 확인 없이 고대로~ 세트를 썼다는 말이다. 재밌다.

교수님은 내가 수술 방을 안다면서 모든 수술에서 내가 주축이 되어 수술 방을 맡아 달라 했다. 귀차니즘과 명분 없이 일하기 싫어하는 나조차도 이건 있어야 한다고 생각하는 서류라서 세트와 수술 순서를 모두 서면으로 작성했다.

같이 입사한 다른 간호사 한 명은 미용 시술 경험이 있어서 능하였는데, 어딘가 쎄하였다. 그런데, 회식 후 술에 취해 본인이 직접하는 말이, 예전 직장에서는 일이 널널한 날이면 심심해서 후배를 괴롭히는 재미로 다녔다고 했다. 와우, 정말 또라이구나 싶었다. 도무지 수술은 알려 하지 않고 내가 일을 안 해서 본인이 다한다면서 뒷담을 하고 다녔다고한다. 그렇게 이간질하며 살아가는 삶의 방식이 안쓰러웠다.

외과 출신이신 교수님은 수술 방의 모든 업무를 내가 책임 맡고 해달라 하셨고, 교수님은 영어로 된 원서 묶음을 주셔서 난 해석을 하고, 공부를 하였다. 수술 때 어찌해야 하며, 어떤 걸 언제 쓰시는 지 확인을 맡으며 소통을 했다. 그러나 업무의 책임은 나에게 있었으나 권

한은 다른 사람에게 있다는 게 불편하기 시작했다. 내가 부서장도 아닌데, 왜 일을 더 해야 하고 부서장으로 올리겠다는 그 사람은 왜 업무를 안 하려 해도 괜찮을까 싶었다.

지금껏 내가 일해 온 수술실의 정직한 원리와는 전혀 다른 회사였다. 그렇게 나는 회사에는 다른 능력도 필요함을 몸소 알게 되었다. 간호 부장님께 면담을 신청했더니, 선임이라고 모든 일을 다 알 수는 없고, "네가 할 줄 아는 게 많으면 좋은 거지." 라고 답을 했다. 그 말을 듣자마자, 아 이 간호 부장도 일은 못하는데 말을 잘해서 저 자리에 있구나 싶더라.

적어도, 내가 일 해 온 수술실은 우직하게 일을 잘하는 사람에게 대가가 돌아가는 시스템이었고, 난 사람은 정직해야 한다는 생각을 해왔기에 그 분위기가 너무나 빠져나가고 싶은 미로 같았다. 오죽하면, 날씨 화창한 날에 한강을 건너는 출근길이 우울하게 느껴 질 정도였다. 일은 일대로 하고 대접 못 받는 호구가 되고 싶지 않았고, 수술실 업무 외에는 부족함이 많았던 나를 견딜 수도 없었고, 한 시도 기다려 주지 않는 것도 힘들었다. 그래서 난 최소는 해보자 하다가 출구가 보이지 않음을 세달 째에 자각하고 관두었다.

피부 관리사분이 부 팀장을 맡으면서 사람을 차별하였는데, 일 못하는 사람에게 틱틱거릴 수야 있다지만, 내 개인적으로는 그 자리에서 나에게 한 행동은 바람직하지 못함을 내 경력으로 판단할 수 있었다. 모든 게 꽃밭이었던 입사 한 달 된 후배는 아쉽다며 인사를 하였고, 내가 나간 뒤 내 역할로 총알받이가 되었다고 한다. 무슨 문제는 수 선생님이 혼자서만 알고 알려주지 않으며, 일의 안내나 쉴드도 쳐주지 않고 뒷담화를 앞서 해서 힘들었다고 한다. 난 그 친구의 말을 빌릴 수 있어서 고맙기도 하며, 그 후배도 몇 달 뒤 이직을 하였다. 아마, 그런 사람들끼리 굴러가는 그런 곳이다. 보내주고, 자기들끼리 보존되도록 보내주자.

그래서 지금은 결국 하던 마취과 일을 더 잘 열심히 해야겠다 생각하고, 오픈 병원에서 일을 하다. 나의 일과 나를 존중 받아서, 내 일을 펼칠 수 있고, 그게 환영받아서 행복하다.

-싸가지 없는 동기, 조련법

동사나사라는 말이 있다. SNS에서 자주 사용하는 태그 중 하나로, 검색을 해 보면 2만 개 정도가 태그되어 있다. 동기 사랑 나라 사랑의 줄임말로, 끈끈한 전우애를 뜻한다. 우린 하나라는 의미도 있겠지만, '동기 아끼는 것이 곧 나를 아끼는 것이요.'라 생각하며, 의지할 수 있는 존재이며, 함께 겪어 가면서 공감할 수 있고 가장 위로 받을 수 있는 사이이다.

나의 첫 병원에서 동기는 수술실은 9명이었고, 지금까지 10년 넘도록 연락 중인 단톡 멤버는 5명이다. 심지어, 재미있는 것은 병원 동기이지 부서 동기가 아닌 것이다. 한 부서에서 같이 일한 동기는 네 명 중 한 명일 뿐, 접점이라고는 같은 해에 졸업과 입사를 했다는 것 뿐이다. 그런데도 이 모임이 유지되는 이유는 일로써 끈끈함이 아니라는 것을 알 수 있다. 처음에는 클럽이란 곳을 가 볼 건데 너도 갈래? 라는 수술실의 동기 물음에 끄덕이며 시작이 되었다.

공교롭게도 같이 가게 된 멤버에는 입사 전 연수 때 룸메이트로 만난 친구도 있었다. 토요일 저녁 7시에 한 친구 집에 모여, 얼굴만 알던 친구들과 인사를 하였다. 고데기를 만지고, 스타킹도 빌리며 하하 호호 쪼개며 지금은 없어진 강남역 메스라는 클럽으로 향한 그런 사이다.

그 동기들은 처음엔 클럽 모임이었으나, 언제부턴가는 주말에 늦잠 자고 일어나 밥 먹자 하면서 만나는 사이로 변했다. 강남역 서점에서 책을 보거나 노트북으로 끄적이다 보면 배가 고파지고 그렇게 자연스래 밥을 먹은 후 흩어지는 편한 사이였다. 그 후로는 평일 퇴근 후에 선릉역에서 치맥을 하고, 이제는 결혼식 때 청첩장을 주고받으며, 한 친구는 엄마가 되기도 했다.

동기가 없는 사람들도 많을 것이다. 부러울 수야 있겠지만, 이 구성원들은 정작 나의 입사 동기일 뿐 한 부서에서 전우애가 쌓인 사이가 아니다. 이토록 오랫동안 관계 유지가 될 수 있었던 이유는 같은 공간이 아니라 같은 역할 나이를 겪었기 때문이라 생각한다. 나 같은 경우는 수술실 동기 9명 중에 연락하는 사람은 단 한 명뿐이다. 그것도 지금 함께 놀았던 다섯 명 중 한 명이었기 때문에 단톡으로 유지되며 모임을 하는 사람이다. 사회생활을 시작하고, 서울에서 모여 놀면서 그 시절의 설렘과 스트레스를 풀기만 했던 사이들이다. 아마도, 같은 부서에서 정보를 공유하고 누군가를 이끌어줘야 했고, 알려줘야 했고, 누군가는 민폐인 존재가 있었다면 서로 이렇게 부드럽지는 못했을 것이다. 사람의 이익 구조란 이런 거고, 사회에서 친구 없다는 말이 여기에 딱 맞다고 생각한다.

수술실 동기 중에서는 곧바로 결혼을 하거나 간호사를 관두고 다른 일을 하는 친구도 있다. 간호사이지만 임상을 떠나 대학원을 나와서 정부에서 일하는 사람도 있다. 힘든 시절에 만난 사람이거나 좋지 않은 때의 기억을 다시는 반추하고 싶지 않아서 기피하는 사이가 될 수도 있다.

사회 맛을 보고 왔던 수술실 동기 언니들과 달리 일하는 게 처음인 우리 동기 다섯 명은 휴식에 더 집중한 사이였다. 대학 병원을 제외하면, 입사 시기가 제각각이기도 하거니와 한 번에 신규를 뽑지 않기 때문에 입사 동기 자체가 형성되지 않을 것이다. 게다가, 업무 강도가 낮거나, 개인주의 분위기가 흐르는 병원이라면 더욱이 퇴근 후에는 집 가기에 바빠서 뭉치지 못할 것이다.

자신을 앞세우기 위하여 다른 동기를 헐뜯는 다거나, 혼자서 만 알고서 알려주지 않는 다거나 하는 부류들도 있다. 물론, 본인의 지식을 모두에게 공유할 필요는 없다. 그런 개인적인 영역을 제외 하고서라도 공유해야 할 사항마저도 물어보기까지 하는데도 회피하며 알려주지 않으려 하는 사람들도 종종 있다. 이건 학생 때도 많이 봐왔을 것이다. 또한, 그렇게까지 피곤할 필요가 있나? 좋은 게 좋은 것 아닌가 싶은 생각을 할 테다. 그런데, 있다. 나도 전자처럼 생각했는데, 세상에는 참으로 다양한 사람들이 존재하고, 생존 방식도 모두가 도덕적으로 옳은 길을 밟아가는 것도 아니다. 옳든, 아니든 그저 해보고 자신이 편한 방식을 택하고 흘러갈 뿐이다.

나 같은 경우 좋은 게 좋은 거다 라고 생각하는 경향이 있다. 그래서, 별 시덥지 않을 걸로 씨름하는 부류를 보면 어떻게 든 그걸 부러트리고 싶은 이상한 심리가 발동된다. 여기서 강조하고 싶은 건 가만히 본인을 지키는 것이 아닌, 자신을 위하여 다른 사람들을 밟는 사람을 처단하는 방법이다. 나도 참 피곤하게 산다 싶겠지만, 이런 사람은 안 건드리는 사람이 없다. 건드리기 전에 그럴 수 없도록 조치를 취해야 한다. 뭐 그리 피곤하나 싶겠지만, 그때 말한 걸 새겨둘 걸이라는 후회를 하지 않고도 꽃길만 걸어가는 사람이길 바란다.

내가 책을 통해 모든 걸 알려주면 그런 나쁜 부류가 더 악해지지 않을까 조바심이 날 수도 있다. 하지만, 참으로 재미있는 것이 이상한 사람은 보통 자신이 그러한 사람이다라는 것을 인식하지도 못하고, 자신이 갖고 있는 점 외에 다른 이상한 것을 또 손가락질 하면서 자신을 위로한다. 자기 자신에 대한 바른 인식의 인사이트가 없기 때문에 내가 말하는 방법을 생각해 보거나 써먹을 생각조차 하지 못 할 것이다.

내가 이 주제에 대한 릴스를 SNS에 게시한 지 지금 쓰는 시점을 기준으로 몇 달이나 지났고, 24만 명이 본 데이터만 보아도 동기사랑 나라사랑에서 동기가 적이 되는 경우가 많다는 것을 알 수 있다. 다하지 못한 말을 풀어보겠다.

첫 번째, 동기의 실수를 커버 해 준다. 처음부터 적을 둘 필요가 없다. 잘되고자 하는 것이지 누구 하나 떨어트리고 낙오 시켜야 하는 게 아니기 때문이다. 실수는 내가 할 수도 있고, 너가 할 수도 있다, 그런 상황에서 각자가 아는 것이나 할 수 있는 것들을 서로 도와주며 전우애가 싹트는 것이다. 여기서 포인트는 환자에게 위해가 가는 실수는 절대 서로 덮어주어서는 안 된다. 감추고 해결하면, 아무도 모를 거라 생각하겠지만 선배들 또한 그런 날들을 거쳐서 선배가 된 것이고, 일을 하면서 생기는 흐름만 보아도 문제가 잘 생기거나 생길 수 밖에 없어서 더욱이 주의하는 부분들이 있기 때문이다. 앞뒤 상황을 보고, 기록들을 보았을 때 어디에선가 수정 되었다는 것을 알 수 있다. 이 부분에서 혈압이 134인데 135로 적어서 다시 134로 고친 것은 고쳤구나 하면서 넘어가겠지만, 혈당이 없는 환자에게서 괜히 혈당 검사를 해 두는 실수 같은 것은 해주면 좋은 것이지만, 그 검사가 환자의 비용 발생으로 이어지거나 그쪽 팔에서는 피를 뽑으면 안 된다던 가의 상황이 생기면 문제가 되는 것이다. 그래서 선배들이 어쩔 땐 그냥 넘어가는 것이고 어쩔 때는 뭐라 하는 것이 성격이 지랄 맞은 사람도 진짜 있지만, 일이 그래도 되는 것이 있고, 그래서는 안 되는 것이 있기 때문이다. 2년차만 되어도 다른 경력자의 특이점을 눈치 챌 수가 있다. 이 일 머리는 연차가 쌓인다고 무조건 함께 상승하는 것은 아니지만, 눈치밥이라는 것이 점점 커지는 게 정상이긴 하다. 혹여나, 내가 실수를 하고서 해결해 두었는데, 아무도 눈치 채지 못한 것 같다고 생각들 때가 있을 것이다. 그럴 때는 진짜 모르거나 선배들이 생각했을 때 후배의 대처 능력과 책임감에 맡기고 믿어주는 경우일 수도있다, 그래서 수정할 때의 방법이 옳았는지 점검할 필요가 반드시 있다. 양치기 소년이 되지 않기 위한 보호법이다. 그리고 서로 돕는 맛이 있어야 힘든 병원 생활에서 그나마 숨통 트이며 일할 힘이 나는 것이고, 한 번씩 바쁘다 마주쳤을 때 안도감과 응원이 되어주는 존재가 되는 것이다.

두번째, 내가 해결했다고 꼭 알린다. 실수라는 것은 실수를 한 사람이 문제인 것을 모르거나 더 알려고 하지 않았기 때문에 잘못으로 빚어지게 되기도 한다. 그러니, 모르는 부분은 반드시 집어 주어야 한다. 그래야 다시는 상대가 그런 실수를 하지 않을 것이며, 최소한 실수가 생길 수 있다는 것을 알았으니 조심을 할 것이다. 서로의 실수가 줄어들어야 일 자체의 방향도 업그레이드된다. 또한, 내가 너의 동기라는 것과 우리 똑 부러지게 성장 하자라는 암묵적인 룰을 만드는 알람 이기도 하다. 동기들 사이에서는 누가 더 일을 잘하는 것 같다 하고 생각할 수 있겠지만, 크게 보았을 때는 누구는 좀 똑 부러지게 하려고 하더라는 있을 수 있다. 그러나 인생 2회 차가 아닌 한 한 명만 독보적으로 일을 잘할 리가 없다. 내가 잘하는 부분으로 상대의 허점에 쿠션이 되어주면, 내가 모자란 부분에서는 동기가 완충해 줄 수도 있는 것이고, 그렇게 서로가 고마움을 느끼며 발전하는 관계가 되는 것이다.

세 번째, 내 실수에 대한 반응을 본다. 성심 성의껏 동기의 실수를 잡아주며, 나의 일에 더하여 업무를 해 나갔을 때는 그만큼 나의 에너지가 소모되기 마련이다. 나 또한 전쟁터에서 창과 방패를 번갈아 사용하는데, 남의 총알까지 막아주는 것이 쉬울 리가 없다. 고만고만한 상태의 사람들 사이에서 누가 누구를 커버해 준다는 것은 칭찬 받아야 마땅하다.

그러나, 내가 동기를 도와주고 있으니 쟤도 내 실수를 막아 주겠지를 당연하게 생각한다면, 뒤통수를 맞을 수도 있다. 사람이란 것이 해 준 것은 정확히 기억해도 받은 것은 잊어버리기 쉽기 때문이다. 나는 널 돕는데, 너는 왜 안 도와줘 라고 했을 때, 내가 언제 도와달라고 했냐며 적반하장인 경우도 있고, 나도 할 수 있는 건데, 하찮은 것들을 도우며 생색내는 사람도 있다. 내 몸이라고 바로바로 충전되는 것도 아니기에 소진이 되지 않으려면, 상대가 최소한 고마워 하는 하는지가 중요하다. 칭찬은 고래도 춤추게 한다하니, 인정이라는 묘약이 있어야 더 해 주고 싶으면서도 더한 대가를 바라지 않게 되는 것이다.

네번째, 혹시나 어랏? 저 새끼가 싫은 쎄한 느낌을 캐치해야 한다. 받아만 먹고 남의 실수는 절대 커버해 주지 않는 파렴치한이 꼭 있다. 자신은 이유 있는 무덤이나, 남의 실수에는 왜 저러지 확대 해석하며 몰아가는 사람이 있다. 그건 정말로 그 사람이 그렇게 생겨 먹었기 때문인데, 나쁘다고만 할 수 없는 것이 안타깝게도 정말 양심 체계가 그렇게 빻은 지능이 부족한 녀석들이 있다. 그런 녀석을 도와준다는 것은 깨진 독에 물 붓기와 같다. 왠지 모를 안쓰러움에 도와주기만 하다가는 내 할 일도 못하면서 남의 뒤치닥거리만 하는 수가 있다. 결국 그 사람은 일을 잘한다는 평가를 받는다거나, 나는 늘 무언가를 하는데도 발전하지 못한 채 실수만 계속 한다는 평가를 받을 수도 있다. 종종 내가 본 케이스는, 처음엔 잘해서 남을 도와주다가, 도움 받던 남은 단점이 보완되어 치고 올라가고, 도와주던 사람은 첫발이 끝발 이라며 퇴화되어서 바닥만 닦는 신세가 된 사람들의 경우도 있다. 그 얼마나 억울한 일인가, 남을 도울 때는 나의 할 일을 재차 확인하고 꺼진 불도 다시 보자 라는 의미로 완벽히 끝냈는가가 중요하다.

남을 도와주며 저 색히를 내가 도와도 될 깜냥인지를 파악하는 것이 무척이나 중요한 것이다. 이것은 내가 동기애가 필요 한 어린 연차일 때뿐만이 아니라, 연차가 쌓여 후배들에게 일을 안배할 때도 중요한 큰 지표가 된다. 잘하는 친구를 못하는 사람으로 낙인찍었을 때의 손해를 막아야 한다. 잘하는 사람은 더 잘하고, 못하던 사람은 평균이 되도록 끌어 올리는 게 능력이다.

평생 남을 도우며, 나는 평간 호사만 하겠다면 말리지 않겠다만, 해주기만 하고 바닥을 깔아주며 환자를 위하여 병원을 위하여 이바지 했다 치자. 그것을 누가 알아주는지도 중요하지 않다고 치자. 난 늘 그 자리에서 평간호사이며, 후배들도 고마워 하는 선배가 되었다. 그러나, 정말 고마워만 하는 선배이다. 난 도와주기만 하는 사람이라서 누구든 도움을 청하러 온다. 난 또 돕는다. 정말 그게 행복하면 안 말린다. 늘 돕는 사람이다. 도와서 고마워 하는 선배와 일을 배우고 싶어서 따르는 선배는 다르다. "고마워요 거기 두고가요~" 가 되고싶다면, 말을 줄이겠다.

그러나, 나는 동기나 후배의 실수를 돕기 전에 내 일부터 챙기는 사람이길 바란다. 일을 해본 사람만이 해결법과 가감법을 알게 된다. 내가 옆에서 소금을 갖다 주기만 하는 것 보다는 소금을 국에 넣어 보아야 짠지 싱거운 지 맛을 알고, 국을 완성하지 않을까? 일이란 것은 내가 잘하는 것만 하는 것이 아니라 더욱 난이도가 있는 일들을 배우고 내 것으로 만들어가는 게 맞다. 나 스스로가 발전이 있어야 퀘스트를 깨듯이 다른 일을 배울 맛이 나는 것이고, 승진의 재미까지 맛보는 것이다. 난 실제로 액팅을 하던 시절에, 컴퓨터에 앞에 앉아서 통제를 하고 격려도 하며 수술실을 돌리는 선배가 부러웠다. 그 부러운 관제관이 되어보니 무척 짜릿했다. 그리고 내가 무심코 한마디 던졌을 때, 모두가 숨죽여 눈치 보던 정적에서 말이나 행동을 가벼이 해서는 안 되겠다는 것 또한 깨달았다.

일을 잘 했을 때의 짜릿함을 맛보기로 알려주자면, 내가 어떤 병원에서 차지를 하게 되었을 때 일이다. 한창 코로나로 주식이 한창이던 시절에 나 또한 한 치의 기대도 어기지 않고, 주식을 했다. 때마침 주식이 잘 되어서 한 달에 1,000만 원을 벌었다. 월급의 몇 배를 단숨에 벌게 되니, 내 월급이 덧없게 느껴지고, 직업마저 가치 없게 느껴졌다. 보태자면, 그 몸 고생을 하고 얼마 못 받는 바로 처럼 보일 정도였다. 그 노력으로 300 따위를 받을 바에 차라리 주식에 더 몰입해서 한 분기의 연봉을 쓸어볼까 라는 생각을 했다. 단타라고 해서 주식 장이 열리는 시간에 초 단위로 트레이딩을 하는 것에 빠지기 시작했다. 좀 더 자리를 잡고 안정적인 시간 확보를 하고 싶단 생각에 나는 퇴사를 하겠다고 했다.

그런데, 그 당시 내가 마취과에서 시술실로 가면서 일을 어찌나 잘 했던지 회사에서는 이제 시술실이 안정이 되나 싶었는데, 핵심 멤버가 관두겠다 하니 벼락같은 소식이었나 보다. 왜 관두려고 하는 것이냐 묻길래 주식에 집중하고 싶다 했더니, 주식을 하루 종일 하는 것이냐 말해 보라길래 9시에 장이 열리는데 10시까지가 가장 중요한 시간이고, 그 시간엔 집중을 해야 할 것 같다고 했다. 그랬더니, 8시 반까지 출근인 것을 10시까지 오는 건 어떻겠냐고 하였다. 10시까지는 봐야 한다 했지만, 9시부터 9시20분까지가 중요했고, 10시부터는 주식이 좀 뜸한 시간이었기 때문에 나로서는 퇴사 할 이유가 없이 콜! 하며 두 마리 토끼를 잡게 되었다. 심지어, 그럼 내가 연장 근무를 기본 근로 시간에 포함해야 되냐고 물었더니, 8시간 근무에 맞게 7시를 퇴근으로 하되, 시술이 없으면 다른 직원들과 똑같이 5시 반에 퇴근을 하라고 하였다.

그렇게 일을 하며, 아침 9시에 커피를 마시며 주식을 하고 출근을 하였다. 일어나서 커피 한 잔에 컴퓨터를 두들기는 맛은 마치 성공을 맛보는 기분이었다. 그러나 아니나 다를까 다른 부서원 중 한 명이 왜 아침 청소도 하지 않고, 일이 없으면 일찍 온 우리와 같이 가냐고 불만을 말했다. 난 회사가 먼저 그렇게 딜을 해주어 받아들인 것이기에 조건에 대해서는 회사가 그러라 했다고 할 뿐 뭐라 당당히 설명할 수는 없었다. 솔직히, 나 같아도 억울할 것 같기 때문이다. 그래서 팀장님께 누가 이렇게 말하더라면서 난처하다고 말했더니, "그러면 그 사람도 늦게 출근해서 늦게 가라고 해~ 병원에서는 어차피 오전에는 일이 없어서 근무 시작을 미루라고 했는데 다들 싫다고 했잖아 하고 싶으면 하라고해" 라고 하는 것이었다.

그렇다. 일 잘하는 나의 자긍심을 높여주기 위한 방법이 아니라, 일하는 애도 살리고, 회사의 이익도 가져가는 방법인 것이다. 나만 보았을 나를 잡기 위해 내 요구를 들어주는 나만을 위한 방법 같지만, 연장 근무가 생길 때, 단 한 명의 인건비라도 줄이는 것이 병원의 이익이였기 때문이다. 하나라도 입을 줄이고 싶은데, 말만 좀 그럴싸하게 하면, 입을 줄이는 방법. 시술실은 아침에 다 같이 일찍 출근하지만, 시술은 보통 점심시간 이후에 시작되기 때문에 십분 정도 다 같이 수액 세트를 만들어 두고 논다고 봐도 무방하다. 물론, 검사 결과들을 확인하지만, 그 어느 액팅도 필요로 하지 않기에 아침을 먹기도 하고, 텀블러를 갖고 모니터를 클릭하는 게 전부이다. 그러니, 그 누구도 더 늦게 나올 생각이 없던 것이다.

이때 난 일을 적당히 회사의 니즈에 맞게 간파해서 해주면, 보수적이라는 병원이라는 집단도 간호사에게 주는 이득이 있다는 것을 알게 되었다.

다섯 번째, 선배가 왜 일처리가 되어있지 않느냐고 물어오면, '제가 하겠습니다.'라고 한다. 여기서 분명 중요한 것은 동기가 인성 쓰레기라고 판단되는 경우에는 대사가 하나 더 추가된다. "인쓰에게 제가 퇴근할 때 인계 해 두었는, 음, 어우, 죄송합니다. 제가 하겠습니다!' 라고 하는 것이다. 그렇게 말하면, 나는 그 일을 알고 책임질 줄 아는 사람인 것이고, 동기는 정신없이 일을 누락하는 사람으로 보이는 것이다. 개념 없는 동기를 슬슬 내 마음에서 떠나보내는 방법이니, 죄책감은 느끼지 않아도 된다. 잘못은 고마움을 모르는 동기의 몫이다. 처음부터 악용할 수 없는 것이 이런 대사를 치는 사람이 일을 잘하지 못하거나 평소 평판이 좋지 않다면, 오히려 제 살 깎아 먹는 말이 된다.

여섯 번째, 그 새끼에게 절대 말해주지 않는다. 개념 없이 고마움을 모르는 사람을 도와주면 그것만큼 세상에서 가장 필요 없는 헛짓도 더 없다. 내가 처리해준 것을 알려주면, 색히의 생각은 둘 중 하나일 것이다. 첫째, 아 저 따까리가 또 해결해 줬네? 땡큐~! 둘째, 아 내가 그걸 빠트렸구나, 다음엔 해야겠다. 당신이 생각하는 시나리오는 번째 정도가 되어야 어머 쟤가 내 실수를 커버해 주었네, 눈물 글썽 감동크리, 나도 앞으로 실수하지 않고 동기를 챙겨주어야겠다는 사람이 나온, 음, 미안하지만 세 번째에도 안 나오는 경우가 있다. 그러니, 정신 차리자. 그런 동기만이 존재한다면 당신은 이 여섯 번째의 글을 읽을 필요가 없었을 것이다.

함께 가야 하지만, 가장 중요한 것이 내가 가고 있냐는 것이다. 내가 없이 누구만을 밀어준다면, 그건 결코 사회생활이나 일을 잘하는 것이 아니다. 착각이다. 누구를 도우는 것이 곧 나를 돕는다 생각하는 것은 리더가 되었을 때의 말이다. 어쩜 그리 정 없이 남 돕기를 호구로 보는 것이냐고 할 수 있겠지만, 이 방법은 누누이 말하지만, 싸

가지 없는 동기 조련 방법이다. 내가 바닥이 되어 주는 것은 내가 바닥일 때가 아니라 모든 것을 할 줄 알고, 그 부서를 이끄는 사람이 되어서 그 부서의 얼굴이 곧 내가 되어 대표하는 사람이 되었을 때 해도 충분하다. 내가 승진을 앞두고 있거나, 신규 시절을 벗어나서 연차가 무르 익어갈 때, 그리고, 나에게 주어진 업무를 차질 없이 해나가는 중에 더 새로운 일을 배워야 할 때만 꺼내라. 자기 앞가림을 못해가며 남을 지켜 주는 것은 결코 박수 받을 일이 아니라 생각한다. 자기 바가지가 새는 것도 모르고 남 돕겠다며 바쁜 사람은 남에게도 좋지 않다. 그저, 누군가를 돕는 다는 자신만의 세상에서 나르시즘을 느끼는 바보일 뿐이다.

-후배 기강 잡는 방법

처음에는 나만 잘하면 됐다. 오로지 내가 조심할 것은 선배들뿐이었다. 그러나 점차 연차가 쌓일수록 선배로써 가르치는 비중이 더 많아지고, 병원에서의 얼어붙었던 포지션도 슬슬 녹아 가는 시기가 찾아온다. 선배의 포지션으로 시간을 보내다 보면 더 이상 그 조직에서 일 적으로 배울 테크니션이 없게 된다.

나의 역량을 굴려 나가기 시작하면, 슬슬 다른 것들이 눈에 들어오기 시작하는데, 바로 그때 어긋나게 되면, 후배를 갈구는 선배가 생겨나고, 일을 본인 기준만큼 적당히 하면서 퇴근 후 취미에 빠지는 사람으로 자리 잡거나, 본인의 다른 스펙을 업하는 사람들도 생겨난다.

나 같은 경우는 2년차가 되었을 무렵, 나와 동갑내기인 후배가 들어왔다. 나는 3년제를 졸업 했기에 나보다 가방끈이 긴 4년제를 졸업한 후배가 들어오는 것이었다. 내 입장으로써는 분명 입학 년도도 같고, 심지어 나보다 일 년을 더 배웠는데 내가 먼저 들어왔다고 선배 노릇을 하는 게 맞는가 라는 생각이 참으로 낯간지러웠다.

그러나 사회이고 회사이니 만큼, 일적으로써 알려줘야 하는 위치인건 틀림이 없긴 하다. 난 그래서 여느 후배를 대하듯 이름을 불렀지만, 말은 꼬박 존댓말을 했다. 그렇게 시작한 후배에 대한 존댓말 사용은 10년이 지난 지금도 여전하다. 지금에서야 일을 하면서 수많은 사람의 입, 퇴사를 겪었으니 달라진 것이고, 경력직으로 거쳐가야만 하는 것들이 있다는 것을 알게 됐지만, 그 당시에는 혹여라도 그 후배가 속으로는 나더러 선배랍시고 으시댄다고 무시하지는 않을까 싶은 노파심도 있었다.

대부분의 만학도 학생들은 나이 많은 신규를 싫어한다는 말을 염려하고 있을 것이다. 앞서 해주고 싶은 말은, 이왕 내가 선택한 길이고, 발을 디뎠으면 되돌릴 수 없는 현실에서 걱정은 버리라는 것이다. 걱정을 떨쳐 내는 것이 쉽지는 않겠지만, 내가 나이도 많은데 나이 어린것이 나를 가르치려 든다고 생각하는 것 또한 버려야 한다. 이런 문제가 비일비재 하기 때문에 솔직히 많은 만학도 신규 선생님들이 인식 개선을 하도록 해야 할 필요가 있다. 병원도 바뀌어야 하지만, 우선은 개인 한 명 한 명이 이미지에 대한 베타 적인 생각의 극을 좁혀야 한다.

내가 수술실에서 일을 해서 인지는 모르겠으나, 학생 때 배운 내용들로는 절대 일하는 현장에 투입 될 수가 없다. 그저 자격 중 하나인 뿐이다. 국가 고시 시험을 보면서 따끈따끈한 지식을 갖고 있는 것은 맞지만, 병원에서 진짜 간호사가 되기 위해서는 많은 호환 과정이 필요로 한다. 차이를 쉽게 말하자면, 너튜브를 보고 요리 만드는 영상을 보았다고 하자. 그것을 똑같은 맛으로 만들려면 레시피도 다시 보아야 하고, 재료들이며, 만들 때 꿀 팁 같은 것도 기억 해 두어야 한다. 너튜브는 녹화 재생이라도 가능하다지만, 일이란 것은 라이브이다. 그러니, 연습이 많이 필요하다. 의대생 들이 인턴, 레지던트를 거쳐 이론을 실무로 이어지도록 만드는 것과는 달리 신규라는 간호사로 시작하여 그 단계를 밟아 가는 것이다.

난 십 년차가 지났기 때문에, 신규보다는 경력직 들을 많이 가르쳐 왔다. 사람들을 가르치다 보면 나만의 프로토콜이 생기고, 반복을 하다 보면 그 일은 더 이상 새로운 에너지 소모가 아니게 된다 다만, 말을 많이 해야 해서 갈증이 잘 날 뿐이다.

가르침에는 단계가 있다. 상대의 베이스가 어디부터이며, 무엇부터 알려 주어야 할지를 마주하고 고민하면서 설정하고 나면, 그 다음부터는 내 지식을 모두 방출하고, 상대의 복기를 위하여 했던 말을 또

하게 된다. 이렇게 하는 것이 한두 명이 아니기 때문이기도 하지만, 혹여 오랜만에 신규가 들어왔다고 해도 큰 에너지 소모를 느끼게 된다. 그 이유는 가르치는 것만이 내 일이 아니라, 환자를 대하는 기본적은 내 업무 또한 같이 해 나가야 하기 때문이다. 넌 가르치기만 해라며 여유를 주는 병원은 한 번도 본 적이 없다.

이 베이스를 기준으로 해도 에너지가 들여지지만, 이것은 기꺼이 할 수 있다 그러나, 알려 주는데 후배나 상대가 배우려 하지 않는 다거나 내가 원하는 속도를 못 따라 올 때는 벅차다는 것을 느끼며 피로감으로까지 이어진다. 특히나, 신규들에게서 많이 나타나는 반응이다. 그저 배우고, 하면 되는 줄 알았지만, 생각보다 병원이나 선배들은 기다려 주질 않는다고 생각하게 될 것이다. 일찍 일어나서 긴장을 하고 와서 모든 것이 새로운데, 용어 조차 생소한데 말은 빠르지, 보비를 써지 시트에 긁으세요. 라는 말이 입력되었을 때, 보비가 무엇이지? 하다 보면 보비를 어쩌라고 했는지 잊게 된다. 그래서 보비가 뭐냐고 물으면, 보여주는데, 그 모양을 그려야 겠는데, 어디부터 그릴지 생각하다 펜을 움직이기 시작하면, 또 어딘가에 무얼 알려주려고 따라오라 한다. 뛰면서 그걸 그리다 보면, 집에서 보아도 도무지 이해할 수 없는 그림체가 되는 것이다.

내가 선배가 되면 그랬던 상황들을 다 잊지 않고 후배들에게 잘 대해주어야지, 시간을 충분히 주어야지 라고 생각하며 난 살아왔다. 그러나 도무지 입력이 되지 않는 것은 그 친구도 답답하겠지만, 하려고 하질 않는 후배들은 따로 남겨서 과외를 시켜 보았지만, 근무 외 시간에 남는 것 자체를 이해하지 못하는 사람도 많았다. 나도 남기 싫었다. 나도 집에 가고 싶다. 이 친구가 나가고 경력직이 오면, 좀 더 설명이 빠를 테지만 내 눈앞에는 이 친구가 있는 것을, 내 현실을 받아들이고 다시 후배에게 이것저것 차근히 알려주며, 다른 것 다 까먹어도 이것 하나만 기억하고 오라고 한다. 다음 날, 후배는 모른다.

평균적으로 가르칠 때 기다려 주는 시간이 여유로운 편이다, 내 입으로 말하는 것이니, 착각이라 생각 할 수 있겠고, 아부하는 말로 나에게 고맙다고 한 걸 수도 있겠지만, 세세히 알려줘서 고맙다는 말을 경력자로 이직 해 온 분들께 줄곧 들어왔다. 그렇기에 내가 시간을 주고 가르치려 해 보았지만, 도저히 따라 오지 않는 사람은 너의 역량이 거기까지 구나 생각을 하고, 포기를 하게 된다. 그러면, 다른 사람에게 넘겨지고 넘겨지는 것이다. 이런 친구는 10년 동안 일하면서 딱 두 번 보았다.

병원에서는 가르치는 사람에게 평가를 하라하고, 다른 사람들로 교체가 되어도 되지 않으면, 모두가 손을 놓기도 한다, 그때는 배우는 자에게 선택권이 주어진다. 갈 텐가 관둘 텐가 함께 가려면 해야 한다.

그렇게 남을 가르치는 일들에 익숙해지고 나면, 그 다음부터는 신규들을 가르치는 일에서 벗어나게 되고, 상급자가 되기 위한 다른 일들을 배우게 된다. 그 일들마저도 익숙해지고 나면 그제서야 간호사로서의 긴장을 잠시나마 늦추며 무아지경으로 일을 하게 된다.

이때의 나는 선배들에게 보이는 내 이미지에 신경을 쓰고, 후배들에게 보이는 나를 성찰하게 되었다. 특히나, 나는 마취과 경력 자체는 많은 것에 비하여 대학 병원 마취과 출신이 아님으로써 배운 것이 부족하다는 생각을 줄곧 해왔다. 나의 유일한 아킬레스건이었다. 그래서 마취 간호학이나 심전도 등 보수 교육을 따로 더 다녔고, 더 배울 것이 없다고 판단되는 병원이라면, 망설임 없이 다른 곳으로 이직을 하였다.

나의 자격지심을 가리기 위하여 부단히 노력을 하며, 나는 어떤 내가 되어야 무시하던 선배의 모습을 잊을 수 있으며, 존경하던 선배를 벤치마킹할 수 있을 지 고민을 하고, 적용시켜보는 훈련을 하기 시작했다. 그렇게 나에게 최종적으로 길들여 진 좋은 방법들을 알려주겠다.

첫 번째, 요즘 후배들은 세상 이치를 빠삭하게 알고 있다는 사실을 인정한다. 사회생활을 덜 해본 MZ들이 뭘 알겠냐 싶을 테다. 물론, 일적으로는 경력자에 비하여 모를 수밖에 없다. 그러나 너튜브나 인터넷의 발달로 인해 간호 사회나 회사 생활이 녹록치 않다는 것을 미리 학습했고, 사이다 발언이 유행하면서 당하고 만 있지 않겠다는 것이 만연화 되었다. 교권이 무너지듯이 회사 생활에서 상사의 무조건적인 권위가 사라졌으며, 행동은 정당해야 한다.

내가 7년차 때, 일 못하는 선배 때문에 관두려 한 적이 있다. 그때 더 높은 상급자 분께서 내게 해주신 말씀이 있다.

"자리가 차지인데, 모두가 인정하지 않는 사람이 있고, 직급이 없는데도 모두가 마음속으로 생각하는 차지가 있다. 신관이 열리면 너에게 그 자리를 줄 테니 우리 병원이 커가는 모습을 같이 보지 않겠니?"라고 말이다. 그 당시에는 자리도 안주면서 받을 때까지 잘 한다고만 마음속으로 생각해 주는 게 무슨 의미가 있나 싶었다. 이것은 어떤 회사와 상사를 만나느냐에 따라 인정받고 안 받고의 전혀 다른 영향을 받을 수 있다. 나 같은 경우는 잘한다는 칭찬 한 마디로는 충족이 되지 않았다. 더군다나 일 못하는 사람을 자리에 올려두고 나 몰라라 라는 회사도 별 다를 바 없이 바보 같았다.

그 당시에는 퇴사자들이 많아서 어쩔 수 없이 일 못하는 선배가 진급을 했다고 들었다. 자리가 사람을 만든다고 한다지만, 자리가 사람을 망치는 경우도 반드시 있다. 준비가 된 사람과 자질이 없는 사람의 차이인 것이다. 그래서 내가 이직할 생각 없이 쭉쭉 올라가서 정착하고 싶다면, 평판이 중요한 것은 맞다. 진급을 해서 정당한 권리로 동료들을 리더하기 마땅한 사람을 회사에서 나 몰라라 한다면 보고 있는 일원들마저도 일을 잘해야 할 의지를 못 느낄 것이다, 그러면 그런 곳으로 그냥저냥 출퇴근해서 대충 오가는 사람들로 채워질 것이라 장담한다.

그런 환경에서 나 잘하고 있잖아요!!! 왜 나를 몰라줘요!!! 여기요!!!!! 라며, 아무도 관심 없는 일들로 내 자리를 지키는 것은 무지 한심하고 쓸데없는 에너지 소모이다. 나의 경험이다. 그래서 내가 경계하는 선배의 모습 또한 저러한 사람이기도 하다.

두 번째, 내 지식의 모든 것을 알려준다. 내가 가르치는 사람은 어차피 같이 일해야 할 사람이다. 그 사람이 모르고 내가 더 안다는 것은 곧 내가 더 일해야 한다는 것을 의미한다. 그리고 연차가 쌓이면 더 일해야 하는 게 맞다고 생각한다. 후배들의 훈련을 위하여 선배들은 액팅을 좀 덜 뛰는 경향이 있긴 하다. 모든 일에는 선배가 움직일 필요가 없기 때문이다. 만 겁의 시간에 대해서 많이 들어봤을 것이다. 한 일꾼이 되기 위해서는 손에 익도록 많이 해 보는 것이 기본이기는 하다. 그래서 좋은 관리자란 적재적소에 사람들을 배치하고 잘하는 일을 통해서는 긍지를 올려주고, 못하는 일은 야금야금 지켜보고, 시켜보며 익숙해지는 것부터 시작해서 친해지도록 융화시키는 것을 터득한 사람이라고 생각한다.

세번 째, 주사기 놓는 방법을 가르칠 때, 주사기 껍질을 뜯는 것은 내가 한다. 연차가 쌓인 입장에서는 주사할 때 주사기를 까는 것이 세수할 때 물 트는 것처럼 당연하겠지만, 생소한 것을 배우는 사람은 물트는 것 조차 수도의 어디를 어떻게 조작해야 하는 지와 무엇부터 해야 하는 것인지 과정이 얽혀져서 벅찰 수도 있다. 그래서 하나를 가르칠 때는 후배가 그 이전에 배운 것은 충분히 숙련되었는지 확인을 하고, 다음으로 넘어가야 하며, 다음에서도 이전의 것을 살짝씩 복기 시켜줘야 한다. 이 때, 1을 배우고 나서 2를 배우는 중일 때, 2또한 충분히 익숙해야 하며, 2번이 익숙해졌다 싶어서 3을 배우기 전에 1과 2를 함께 반복시켜서 두 가지 사이를 이어서 엮어가는 방식으로 알려주며, 확인해야 한다. 배울 때는 배울 수만 있도록 후배나 다른 경력자들이 어떤 것은 자연스럽게 되는 지 확인을 하고, 그런 부분은 내가 해 주는 것이 서포트 해주는 좋은 방법이다.

내가 왜 다 해줘야해? 고마움도 모를 텐데 나만 힘든 거 아니야? 싶을 거다. 실제로 내가 올린 피드에도 잘해줬더니 호구가 됐다는 반응이 많았다. 이 때는 배움에 초점을 두어야 하며, 가르칠 때의 태도는 온화한 듯 단호하고, 일적으로 격려를 해 주어야 할 때, 배우는 사람이 노력을 하는 지와 가고자 하는 방향으로 따라오려 하고, 나의 의도를 파악 했는지가 중요하다. 내가 소일거리를 하려 할 때, 배우는 사람이 자신이 하겠다고 말하는 경우가 있다. 그런 후배는 시야가 그만큼 트인 것이니 충분히 이런 방식으로 가르칠만 하다. 또한, 시야가 닿지 못한다면 그 사람은 다음을 배울 때가 아닌 것이니 하던 것을 계속 시켜야 한다. 이 때, 왜 내 진도는 빼 지지가 않는 지 생각해야 하는 게 당연하지만, 정말로 머리가 백지인 친구들은 아싸~ 일 덜 한다!
라며 좋아할 수도 있다. 그런 친구는 할 줄 아는 일을 벗어나고 싶게
끔 많이 시켜야 한다. 자칫 보면 괴롭힌다고 생각할 수 있겠지만, 우
리의 일은 몸으로 하는 일이고, 몸이 익숙해지고 배워나갈 준비가 되
어야 한다. 하던 것만 편한 대로 일하는 사람은 독립할 수가 없고, 독
립을 한다 한들 혼자서 일할 때는 외줄을 타는 기분일 것이다. 가장
큰 문제는 그런 사람의 후배가 들어왔을 때 여실히 드러난다. 그러니,
가르치는 사람은 가르침에 대한 몫을 다할 필요가 있다.

과정을 하나씩 거듭하며 마지막 순번까지 트레이닝이 되었을 때는
다시 1과 2, 2에서 3, 4, 5를 쭉 이어서 할 수 있도록 옆에서 기다려주
고 봐주어야 한다. 그러면서 복기를 하고, 후배가 모르는 부분에서 실
수가 나올 수 있음을 예측하고, 잘못된 습관을 고치도록 교정 해 주어
야 한다. 정상적인 사고를 하는 사람이라면, 머릿속이 얽힐 거라 생각
하는 부분들을 미리 파악을 다 해두고서 그럴 수 있다는 마음으로 이
끌어 준다면 절대로 선배를 무시할 수가 없다.

네번째, 안 되는 부분은 시범을 단계 별로 보여주고 즉시 하나에 하
나, 둘에 둘을 이어서 따라 하도록 해야 한다. 내가 한때 겪었던 신규
는 약물을 믹스할 때 시린지의 눈금을 틀린 적이 있다. 시린지 내관
앞쪽에 달린 검정색 고무 바킹에서의 용량 기준은 튀어나온 봉우리
다음에 평평한 선을 기준으로 한다. 그런데, 후배는 봉우리를 기준으

로 해서 1cc가 아니라 0.5cc를 재는 것이었다. 그 지점이 어떻게 정확하다 생각했는지, 보기도 힘들었을 텐데, 이래서 간호사가 어려운 거구나 싶었을까? 너무나 유심히 주사기를 보는데, 재어 놓은 용량마다 약간씩 부족한 것 또한 너무 놀라워서 물었더니, 내가 요즘 트렌드를 모르나 싶을 정도로 당당하게 답하였다. 그 후배는 작년 1년 동안 코로나 병동에서 부터 쭉 그렇게 배워서 해왔다고 하였는데, 그 부분을 잡아 주는 것 또한 나의 일이다. 앞으론 나의 후배이니 말이다. 그래서 다시 공부해 보라고 하였고, 다음 날 공부했냐 했더니 그게 맞는데 왜 공부하냐고 답하였다. 상당히 놀랐지만, 그 마음을 뒤로 숨긴 채 그 맑은 영혼의 후배에게 내가 직접 이론을 찾아서 링크를 보내주었다. 어떠한 사고 체계인지 나와 다름을 인정했지만, 해석하기에는 나도 어려웠기에 공적인 자료를 보여 주는 것으로 나의 말을 대신했다.

내가 놀란 마음을 숨긴 이유는 이때 비난은 절대 금물이기 때문이다. 배우고 있고, 배워야 하는 사람을 비난하는 순간 충분히 힘든 환경에서 안고서 이끌어 주지는 못할 망정 무지한 것을 무식한 것으로 치부하고 무시하게 되면, 어느 누구도 사기가 떨어질 것이다. 의지를 강에다 던져 버리는 격이다. 못하는 데 잘하다는 칭찬을 해줄 필요는 없다. 다만, 감정을 배제한 채 우쭈쭈 하면서 잘하는 사람의 교육을 반복적으로 복돋아야 한다.

다섯 번 째, 차츰 일을 하나씩 독립시킨다. 할 수 있는 것을 물어보고, 자신감을 가지고 있는 것부터 하나씩 하도록 한다. 이 때 중요한 것은 너 할 줄 아는거 있으면 좀 해가 아니라 그걸 잘하는 구나~ 옳지! 내가 그 부분은 너에게 맡길 수 있겠다. 라는 의미를 더 부여해서 말을 전달하고 행동해야 한다. 잘하는 구나 라는 의미를 전달하는 게 중요하다. 이것은 고래도 칭찬에 춤추게 하는 의미도 있지만, 칭찬이라는 긍정적인 보상이 생기면, 선후배 간의 상호 존중도 높여지는 방법이다. 운전면허 딸 때 강사님이 윽박지르는 것을 보았는가? 가족에게 받지 말라는 이유가 편한 사이라면 언성이 높아질 것이고, 위험한 운전을 배우는 것이 부정적으로 느껴지거나 안전 주의에 대하여 빠트림이 없어야 하는데, 감정에 치우쳐서 조심해야 할 사항들을 놓칠 수도 있기 때문이다.

여섯 번째, 독립할 자신이 없다고 할 때는 시간을 충분히 더 준다. 척 관절 병원 기준으로 신규는 1달, 경력자는 1-2주 면 독립이 가능하다. 심지어 퇴사 후, 한 달 이내로 쉬다가 온 경우는 3일이나 일주일이면 이미 반 독립을 하고 있다. 일을 안 하려 하는 사람이라면, 독립의 세계로 밀어주어도 되지만, 정말로 내던져지면 사고 치거나 사기가 꺾일 것 같은 후배는 시간을 더 주어야 한다. 그러나 중요한 것은 독립 못하겠다고 했을 때는 네발 자전거에서 바퀴 두 개를 빼고 안장의 뒤를 잡아 주는 역할을 해 주어야 한다. 그래야 안심하고 일들을 해보고, 문제가 생기면 수습이 즉시 가능한 것이다. 수습할 때는 감정을 배제하고, 다시 해보자 라는 태도를 취해야 한다. 아이가 물을 쏟는 것이 부주의가 아니라, 손에 근력이 부족해서 그럴 수 있다는 것을 알고 있어야 한다

개구리가 올챙이였던 적을 생각 못하듯이, 아무리 자신의 신규 일 때를 생각하며 이해하고 있다 생각해도, 결국 난 배우는 본인이 아니기 때문에 못하는 게 그저 실력 부족이나 배움에 대한 이해도가 무조건 떨어진다고 속단할 수는 없다. 그러니 내 자식에게 자전거를 가르친다 생각하고, 내가 후배나 다른 직원들을 가르칠 때 손을 놔줘도 되는 때를 인식하고 행동하자. 나도 자식 놓아본 적 없다. 말장난은 말고, 그래보자.

일곱 번째, 옆에 있어 주지 못할 때에는 발생할 수 있는 문제들에 따른 경우의 수를 염두에 두며, 수시로 근처를 지나가면서 걸러준다. 이게 바로 진정한 선배인 것이다. 내가 지나온 길이기 때문에 어떤 실수들을 해 왔고, 내 동기나 주변에서 어떤 문제들을 직면 했는지 데이터를 갖고 있을 것이다. 그리고 시간의 흐름에 따라 지금은 어떤 일을 하고 있겠다는 예상도 충분히 가능하다. 선배로서 쌓아 온 데이터를 통해 걸러내고 이끌어 주는 것이 선임자의 일이라 생각한다. 뒤에도 눈이 달렸다는 것이 이 경우인데, 그럴 줄 알았다라고 하는 것은 누구나 할 수 있는 말이고, 몰랐어도 내뱉을 수 있는 있는 하찮고도 불필요한 말이다. 일이 터지고 나서야 비난 하는 것은 아무에게도 도움이

안된다. 혹여나, 그런 걸로 자신의 위신을 세우려 한다며 참으로 어리석은 생각이다. 같이 그 상황을 겪는 남들이라고, 바보가 아니기에 그런 사람을 보면 입만 나불거린다고 생각할 것이다. 그 누구도 이득이나, 기쁨을 얻어 가는 면이 없는 부분이다.

여덟 번째, 홀로 처음부터 끝까지 시행하도록 하고 옆에 있는다. 이때 중요한 것은 환자에게 직결되는 문제가 아니고서야 잠자코 실수한 부분 들이나 피드백 해 주어야 할 내용들은 노트에 적거나 기억 해 두며 기다린다. 그때 바로 지적을 하면 잘하던 것도 순서나 손이 엇박자가 것이고, 듣는 입장에서도 멍해 진 상태로 꼬이기 시작할 뿐이다. 아까 어디서 어느 부분은 교정을 해야 하고, 단축시킬 수 있는 부분을 번호를 매기며 수정해 준다. 이것은 내가 신규뿐만이 아니라 나보다 연차 많은 경력자들이 이직 해 왔을 때도 했던 방법이다. 또한, 내가 배울 때 이렇게 해주면 좋았을 것이라 생각해왔던 부분이다.

경력직 같은 경우는 이전 병원에서의 일 하던 습관이 당연스레 몸에 베어 있기 때문일 뿐, 결코 다름이 곧 잘못은 아니다. 의사나 병원들마다 추구하는 치료 방식이나 물품들이 약간씩 차이가 날 수 있기 때문이다. 붕어빵을 머리로 부터 먹느냐 꼬리부터 먹느냐 그저 붕어빵 먹는 것은 매 한가지인 그런 경우이다. 그러니, 습관을 교정하도록 알려주고 기다려 주어야 한다. 수술 방 아홉 개인 곳에서는, 아침에 방들이 다 열리고 어느 정도 안정이 되면, 한 명씩 티타임을 주면서 내가 그 방에 손을 바꿔서 있었는데, 그동안 차트와 환자 자세 등 누락된 부분이 없는지 수정을 해 주었고, 그때 알게 된 것이 사람은 틀린 것만 또 틀린다는 것이다. 위해가 가는 일이 아니면, 늘 일정한 톤으로 상대가 기분 나쁘지 않도록, 너무 일정한 톤으로 같은 부분을 교정 받아서 되뇌어 지도록 꼬박 일관되게 알려주었다.

아홉 번 째, 격려를 아끼지 않고 해준다. '시크릿' 이라는 책도 있고, 이제 그건 수많은 책이나 사람들이 말해서 식상하다면, 높이뛰기 우상혁 선수도 있다. 그 선수는 불가능한 것 또한 할 수 있다 생각하며 성공을 이끌어 냈다고 한다. 사람은 칭찬에 약하고 격려를 아끼지 않으면, 아드레날린과 도파민이 분비되면서 초인적인 힘이 생긴다. 서로 좋게 좋게 가고 퇴화하지 않기 위한다면, 격려를 아끼지 않아야 한다. 상대가 기분이 좋아서 잘하면 나도 일 잘하는 동료와 함께 가는 것이다. 그럼 전체적으로 일의 완벽함의 수준이 올라가는 것이다.

열 번째, 모든 것을 혼자 무리 없이 할 때, 마지막 점검을 해준다. 이제 떠나보낼 채비를 해야 하는 것이다. 한 사람으로서 독립을 하기 위해서는 자립심을 심어줘야 하는데, 본인은 다 잘한다는 위험한 생각은 누르되, 혼자 할 수 없다는 괜한 두려움은 없애 주어야 한다. 마지막 굳히기를 해주는 것이다. 어릴 때 나무를 심어 봤다면 알 것이다, 라떼는 식목일이 휴일이었다. 아무튼, 꾹꾹 흙을 눌러 주어야 한다. 흙 속에서 물을 먹고 뿌리들이 뻗어 나가 자라게 하기 위함이다. 좀 더 쉬운 예를 들자면, 책을 보다가 잠시 접을 때, 한번 반으로 접고 나서 재빠르게 손바닥으로 위아래를 지그재그 한 번 더 눌러 주는 것과 같은 것이다. 잘하고 있는 지를 안심될 만큼 봐준 뒤, 존중과 격려를 해주고서 나는 나의 자리로 돌아가면 된다.

-연봉테이블 무시하고 올리는 방법

간호사에 대하여 나이팅게일이나 백의의 천사라고들 칭하곤 한다. 하지만, 난 그 수식어가 달갑지가 않다. '너 착하잖아.' 라면서 가스라이팅 하는 느낌이랄까? 나도 그저 직업일 뿐이다. 그저 열정 페이랄까? 저 말이 맞으려면, 모든 병원은 비영리적이어야 하고, 봉사를 원하는 간호사는 사기업이 아니라 국가적 차원에서 관리를 해야 한다. 게다가, 나이팅게일이 돌봄 간호를 한 건 맞지만, 통계를 만들어 낸 사람으로서 내 생각엔 사람만을 간호에 대한 접근을 심적으로 보살피는 역할로 국한시킬 생각은 없지 않았을까 싶다. 전쟁 통에 여기저기 아프다 하니 질서를 만들려고 한 것이지 아픈 사람에게 "아프셨어요 호호."하는 건 드물지 않았을까 싶다. 적어도, 나중에서야 붙여진 이미지의 살들이 아닐까 싶기도 하다. 솔직히 일을 해보면 바로 알 수 있다. 그 마음 하나 만으로는 환자에게 도움 되지 않는 다는 것을.

그래서 일을 하며 나에게 더욱더 중요한 것은 "일은 일이다."라는 지론이다. 내 생각이 이러하다고 해서 절대 AI마냥 울고 있는 환자에게 "아프니까 병원에 왔죠. 치료할 거고 나을 거니까 그만 좀 울고 가만히 계세요." 라고 하거나, "당신이 이 병원을 방문함으로써 나는 당신을 간호할 책임이 있습니다. 제가 열일 하고 있는 걸 보면, 분명 나아질 터이니 그 울음을 그치세요. 주사는 원래 아픈 겁니다." 라고 하지는 않는다.

이에 더하여, 간호사들 사이에서는 아프다고 연차를 쓰면 욕을 먹게 되는 거지 같은 문화가 있는데, 자기 몸 하나 관리 못하면서 누구 몸을 돌보냐고 말로 내뱉는 사람들이 있다. 2012년부터 간호사를 해온 내가 일하면서 지나가다 들어본 말들이다. 그때 드는 생각이, 중도제 머리를 못 깎는다. 하고, 의사도 감기가 걸리며 질병에 걸리고, 기상청도 날씨를 틀린다. 그리고 헤어 디자이너는 자신의 머리를 못 자른다. 자기 머리 예쁘게 고데기 하며 고객의 머리도 잘 해주는 사람이야 있겠지만, 내 생각엔 그 사람이 태생적으로 자기 머리를 잘 만지는 걸 넘어 손재주가 있는 게 아닐까 생각한다.

신규 1년을 버티고, 두 번째 병원에 스크럽 간호사로 지원했었다.

그런데, 출근 일주일 전 마취과 간호사가 급 관두게 되었다며 가능하겠냐고 양해를 구해왔다. 그곳은 미안해했지만, 난 마취과에서 일해 달라는 게 너무나 반가운 소식이었다. 비록, 바리스타를 하겠다며 바람이 불어서 3년만에 관두었지만 말이다. 지금도 마취과 간호사로 이름을 알리고 있고 소개하고 있으니, 저 이직 제안은 내 인생의 큰 전환점임이 분명하다.

커피 일을 하다가 경력 단절 간호사로 복직을 했더니 페이가 적은데도 테이블 데스라고 하여 모든 병원에서 거절하는 환자를 수술 시켜 주는 곳에서 일을 하게 됐다. 알고 간 것은 아니었기에 로컬에서 진정제를 주며, 바이탈을 관리하던 나로서는 기본적으로 동맥 라인을 잡고, 칼륨과 칼슘을 루틴으로 깔고 시작하는 것이 참으로 고단했다. 의사에게는 모두가 포기하는 환자를 끝까지 치료해보겠다는 참된 의사로서의 보람을 주었을 것이다. 그러나 내 입장은 중등도 높은 곳에서 날마다 서너 시간짜리 수술이 퇴근 한 시간 전에 꼬박 추가되다보니, "마지막 한번만 더!" 라고 하고 나서 필라테스 선생님이 "두 번 더!" 라고 하는 느낌이 매일 들었다. 더군다나, 경력 단절로 들어갔기 때문에 내 경력을 인정받았다 하더라도 협상에서 우위를 점하고 가지 못했기에 연봉이 마음에 들지도 않았다. 때마침 내 월급을 세 네 달째에 받아서 우연히 연봉을 계산해 보니 신규 월급 수준이었다. 처음에 듣고 들어 온 연봉과 달라서 간호 부장님께 확인을 요청했다. 알아보더니, 내 연봉을 잘못 올려놨다고 한다. 그렇게 다시 연봉을 정산 받아서 추가 입금을 받았다. 늘 딱 받아 오던 연봉의 수준일 뿐, 이 돈 받고 이렇게 인생을 갈아 넣을 순 없다 싶은 찰나에 이런 문제까지 생기니까 회사에 정이 떨어졌다. 그 전에는 첫 출근 날 오티를 하고 좋은 동네에 기숙사가 있으며, 커피를 하다 돌아오니 자금의 여유가 생기는 것들이 만족스러워서 병원에서 연장근무를 일상으로 하는 게 돈도 모을 수 있고 좋겠다고 착각하며, 삶을 즐겨보았다. 내 착각에 누가 일침이라도 가하듯이 난 바보였구나, 우물 안의 개구리였구나 싶어서 서둘러 이직을 알아보았다. 그렇게 나의 세 번째 병원은 무조건 돈을 많이 준다는 곳으로 정했다.

세 번째 병원의 차장님께서 간호부장님의 바로 직속 등급이었으며, 50대이셨는데, 수 선생님이 뽑혔어도 수술실 안에서 오랫동안 함께 스케줄을 관리할 정도로, 현장에서 일하는 것을 좋아하셨다. 내가 본 간호사 분 중에 가장 참된 어른이셨고, 내가 어떤 일을 잘 할 수 있는 지와 어떻게 하면 꾀를 부리지 않고 일을 하도록 할 수 있는지 내 성격을 간파하신 분이다. 게으른 나를 경쟁 심리를 이용하여 스스로 일을 좋아해서 하도록 만드신 분이었다. 페이도 꽤나 만족스러웠다. 그러나 여느 로칼 병원에서나 그러하듯이 1년만 지나도 배울 것이 없고, 발전할 필요가 없다 보니 매너리즘에 빠지기도 했다. 선배는 대학 병원 출신이라며 매번 말 끝마다 내가 대병 다닐 때는~ 대병에서는~ 애림 쌤 가라 말고, 정석으로 알려줘요. 라고 하는 것도 지겨워졌다. 실무는 내가 더 잘했기 때문에 이론 운운하면서 일을 개차반으로 하는 윗 연차들의 실정을 여실히 보여 주는 사람이었다.

저 분에게 배울 점은 저러면 안 되겠다의 표본이 되어서 내가 조심하는 모습 중의 기준점이 되었다. 일을 어찌나 안 하려 하고 못하는지, 나를 포함하여 모든 마취과 쌤들 사이에서 저 선생님은 일을 안한다. 우리는 바빠 죽겠는데, 앉아서 졸고 일도 천천히 한다는 평이 끊이 질 않았다. 문제는 차장님도 알고는 계시다는 것?

사건이 있었던 그날은, 내가 당직을 하는 날이었다. 일을 또 느기적 느기적 거리면 하길래, 선생님에게 그 업무를 빨리 해 달라고 재촉 했더니, 급발진을 하며, 그렇게 잘하면 애림 쌤이 한번 해보라면서 모든 걸 일시 정지 한 상태로 일을 버려둔 채 퇴근을 했다.

아, 저 사람이 나를 태우는 구나, 난 근데 이 일을 빨리 할 수 있는데 어쩌지? 타격감이 전혀 없는 걸. 그저 빨리 해치우고 다른 거 하려 던 찰나에 걸리적거리는 부분이 사라진 느낌이었다. 드디어 이상한 티를 본인 입으로 내는 누가 싶어서 일을 신나게 시작했다. 내 뜻대로 난 그 선배가 반나절 이상을 잡고 있던, 질질 끌던 일을 30분 만에 완료하여 카톡으로 완료된 기록지들과 스캔이 완료됐다는 증거물 들을 사진으로 전송했다. 기가 찬 것이 그때서야 울면서 전화 와서는 자신이 요즘 엄청 힘들다며 하소연을 해왔다. 그 분은 별명이 악어의 눈물로 유명했기에 난 휴지 한 장을 건네며 내가 하던 일이라서 30분이면 충분하다는 걸 알았고, 다른 도울 수 있는 일은 도울 테니 일적으로 힘든 것 있으며 달라고 했다. 그 뒤로 그 귀여운 악어는 그 일마저 나에게 주면 자기는 앉아있을 명분이 없다는 걸 잘 알기에 일을 좀 더 눈치 보면서 하게 됐다. 아마 이 글을 본다면 낯 뜨거워지며, 몇년만의 연락이 올 지도 모르겠다.

나는 일 잘하는 유능한 간호사가 되고 싶은 게 아니다. 간호사라는 직업은 서울대부터 지방 전문대까지 스펙트럼이 무척 넓으며, 각자의 머리에 따라 분발해야 할 할 일이 있다고 생각한다. 난 그저 내게 맡겨 진 일들을 빨리 해 두고 쉬는 게 좋을 뿐이다. 오로지 나의 휴식을 더욱 확보하기 위하여 일을 빨리 할 뿐이고, 두 번 손대기 귀찮기 때문에 한 번에 잘하려 하며, 한번 씩 머리가 안 돌아갈 때는 환자에게 위해 가는 것 없이 서류적인 일들을 재점검 해도 될 만큼 시간 확보를 해 두며 일을 한다, 늘, 머릿속으로 누우려고 계산을 하는 편이다. 그렇게 나는 세 번째 병원에서 아침 8시에 수술 방 여러 개가 동시에 열리면, 각자 방의 환자를 받고 수술 방 전체가 정신이 없는 틈에 내 방을 후딱 마무리 하고, 강의실로 가서 2분의 티타임을 즐겼다. 아침 식사는 출근 20분 전에 도착하여 10분 동안의 여유를 가지며 먹기에 출근을 꼬박 일찍 한다는 이미지는 덤이 되었다. (지금은 아침을 안 먹거니와 더 자고 있다.)

나의 이런 모습을 1년 정도 보신 차장님께서는 내게 베짱이라는 별명을 지어주셨다. 그리고 재밌다는 듯이 미소 지으시며, 너는 아무리 바빠도 너만의 쉴 시간이 있잖아 라고 하셨다. 어찌 보면 돌려 깎는 말씀 같기도 해서 장난끼 섞인 말투 무슨 뜻이냐고 넌지시 물었더니, 생각하기 나름이라고 하셨다. 그 후로, 내가 관둔다고 했을 때는 신관이 열리면 너에게 차지 자리를 주겠다, 병원장님 목표가 한 부서에서 시작했지만 종합병원을 만드시는 건데, 그 길에 우리가 함께 이면 좋지 않겠냐고 하셨다. 덧붙여, 형식적으로 이름만 차지인 것과 어떤 샘처럼 직급이 없는데도 모두가 생각하는 차지가 있다. 너도 알지 않냐라며 나의 노고를 인정해 주셨다.

그러나 나는 더 이상 배울 것이 없는 것과 이 곳의 일을 클리어 해냈다는 느낌만 더욱 진해졌고, 그러다 보니 더 많은 연봉과 더 할 수 있는 일이 있겠다는 생각을 했다. 머리가 크지 않게 하려는 병원의 심산이 여기에 있지 않을까 싶다. 그래서 네 번째의 병원에서 면접을 본 뒤, 지금 병원에서 이 정도 페이로 올려 준다길래 고민된다고 했더니, 그럼 우린 거기서 300만 원을 더 주겠다고 하였다.

무척이나 파격적인 조건이었고, 선배들에게 조언을 구하였더니 300이면 고작 한 달에 20만 원 가량인데, 그게 이직할 만한 조건인 지는 모르겠다고 하였다. 그러나 네 번 째 병원은 간호사 복직을 위하여 공고를 찾아보았을 때 PS 성과급 제도가 있는 유일한 로칼 병원이었다. 병원에서 수익을 나눠 준다니 무척이나 직원들을 생각하는 병원으로 느껴졌다. 최소한 노고를 알아주긴 하는 구나 싶었다. 그러나 그 당시에 마취과 공고가 없었기에 못 가던 중 공고가 타이밍 좋게 나왔고, 난 그렇게 복직한 지 1년만 만에 연봉을 7,000만 원 올렸다. 한곳에 있었으면, 몇 년은 걸렸을 상승률이다.

네 번째 병원에서의 일은 무척이나 공무원 같은 삶이었다. 늦은 퇴근도 없었고, 첫 수술 환자를 받고 나면 꼬박 주어지는 티타임도 여유로웠고, 부장님과 수 선생님께서도 한 번씩 어떻냐고 의견을 물으며, 친구 엄마처럼 잘 해주셨다. 심지어 수 선생님은 퇴근 하고 나면 호텔 라운지에서 칵테일을 사주시거나, 둘이 따로 막걸리를 먹으러 가기도 하고, 타 부서 직원들도 같이 불러서 식사를 하며 재밌는 여가 생활도 만들어 주셨다.

다만, 희한하게 다 좋으면 덫이라도 나는 지 복병이 하나 있었는데, 마취 원장님이 무척 이상하였다. 그 당시 내가 8년 차였는데, 간호사를 관두어야 하나 라는 생각이 들 정도로 혼돈의 시기를 선물해 주셨다. 지금껏 척추 관절 병원에서 수술 자세를 잡을 때 사용하는 방식을 묵살하고 본인만의 방법이 있었으며, 숨 쉬는 걸 확인하는 얇은 튜브 같은 장치를 구부려서 환자 코 밑에 붙이도록 하였다. 보통은 전신 마취 때의 감시 장치라서 급여 산정이 되지 않는 부분이다. $EtCO_2$라는 것인데, 하반신 마취 때 사용하는 게 이론상 틀린 것은 아니다 보니 꼬박 준비했다. 여기서 포인트는 일자인 그 제품을 기역 자로 구부려야 했기에, 우리는 늘 라이터를 가지고 그 부분을 열기에 녹여서 구부려 만들어야 했다. 불 조절을 잘못해도 녹아서 안에서 관이 막히거나 잘못 구부리면 모양이 못쓰게 된다거나의 마치, 마시멜로우 굽기 같은 습성을 가진 일이었다.

쓸데없는 무시나, 윽박을 잘 질러서 난 그 매번 놀랐고, 자존감까지 떨어져서 초기 우울증을 진단 받아서 마음 상담을 몇 차례 꼬박 다니기까지 했다. 그 분이 어찌나 유명한지, 내가 관두고 서도 소식을 들을 수 있을 만큼 내 주변 또한 척추 관절에서 근무하고 있는 사람들이 여기저기서 동시 다발적으로 소식을 알려줄 정도였다. 개원하겠다고 호기롭게 급 사직서를 던지며 나가더니, 일주일 만에 다시 돌아오고 싶다며 네 번째 병원의 원장에게 하소연 했다고 한다. 함께 오픈해서 꾸려나간 대표 원장님이 거절할 정도로 평이 좋지 않았고, 일하고 있던 병원의 회식에서도 고약하다고 거론될 정도였다. 일주일 뒤의 소식은 나의 대학 동기에게서 들려왔는데, 자기네 병원에 왔고 하던 대로 또 하려다가 그곳의 20년차 마취과 선생님께서 수술실에 산소가 있는데 라이터를 키고 그거에 불을 붙이는 게 맞느냐며 소리를 질렀다고 한다. 내 친구와 담배를 피면서 굽신거렸다는 것도 가증스러웠고, 욕이 난무했다. 더욱 통쾌한 것은 대표 원장님이 오래 다니려면 이곳에 있던 직원들에게도 맞춰 나가야 한다고 들었다는 것이다

인과응보의 법칙을 더욱 맹신하는 사례였다.

　내가 그 분 때문에 관두겠다 했을 때, 난 시술실로 부서 이동을 제안 받았다. 주임으로 승진을 하면서 일 또한 출근하면 컴퓨터 앞에서 랩 결과를 보고, 수액 세트 좀 준비하다가 환자 분들이 오면 가끔씩 라인을 잡아 주는 정도여서 무척 편했다. 이제 나의 간호사 인생에 빛이 들고 개운을 하나 생각이 드는 시기였다.

　여기서 가장 해 주고 싶은 말은, 지금 회사가 무척 힘들다면, 다른 곳으로 옮겨 가도 좋다는 것이다. 물론, 그곳에서의 나의 고생이 헛되지 않으려면 년 단위의 경력으로는 만들어져야 이력서에 올릴 수 있고, 년 단위를 채우기에 시기가 멀었다면 관두고 잠시 쉴 곳을 다녀보는 곳도 괜찮다는 것이다. 이러쿵 저러쿵 하면서 나는 좋은 곳도 나와 본 사람으로서 결국 내 가치관이 나의 안위와 직업에 휘말리지 않겠다는 곳에 있다면 그렇게 흘러간다는 것이다.

　또 바람 잘 날 없는 나는 사우디 간호사를 하겠다면서 공기업 갔던 곳을 관두었고, 다시 오면 받아 달라는 보장 보험성 말과 함께 1년 조금 넘게 연수생 및 백수의 시절을 보냈다.

　이렇게 이직이 잦은 나는 직급이나 배울 수 있는 일이 많다는 명분만으로는 움직이지 않았고, 늘 연봉을 올려 옮겨갔다. 내가 근속 연수를 1년 넘기는 시점과 2년이 되어 가는 시점에서 줄곧 관두었던 이유는 의도적인 건 아니었지만, 꼭 그 시기가 회사에서 나에게 나가지 말라고 좋은 조건들을 제시하며 잡을 만큼 일을 잘 해서 인정받게 되어 몸값이 올라가던 시기였다.

　이직하기 좋은 시기는 정형외과나 신경외과처럼 어르신들이 주 대상인 병원이라면, 겨울 직전이 좋다. 농번기나 추운 겨울로 수술 일정을 잡기 때문에 겨울이 되면 사람 손이 필요할 시기이기 때문이다.

PART 5.
비로소

– 나는 3년제 출신 간호사다

내가 다녔던 병원 중 한 곳에서, 빅3 병원의 마취과에서 교육을 받고 일을 해왔던 동갑내기와 같이 일을 한 적이 있다. 경력은 나보다 1-2년 정도 적었으나, 대학 병원 중에서도 국내 1위 병원인 곳에서 신규를 시작한 친구였다. 나이는 같아도 어찌 보면 내가 선배이지만, 일의 군더더기가 없으며, 내가 알려줘야 할 것도 없었고, 성실하기까지 했다. 조금이라도 틈이 나면 쉬려고 하는 자세보다는 꼼꼼히 하나라도 다시 더 챙기려 하는 태도였다.

그런 친구와 나를 두고 차장님은 경쟁 구도를 만들었다. 설마 싶었지만, 차지 자리를 두고서 둘 중 열심히 잘하는 사람을 올리려고 번갈아서 오늘의 차지 역할을 시켰다. 하루씩 번갈아서 오늘은 누가 업무 봐라 라고 하셨기에 알 수밖에 없었다. 출근하자마자 해야 할 일은 첫 타임방 7개에 입실할 환자에 대하여 인계를 받는 것이다, 그 전에 이미 환자에 대한 랩이나 특이 사항이 적힌 카드는 전날에 작성한다, 다른 팀원들이 방 준비를 하는 동안 인계를 받고 나면, 모든 검사 결과와 마취 원장님의 마취 컨설트까지 확인을 한 뒤, 병동에서 특이 사항들을 인계 받아야 했다. 그렇게 준비가 완료되면 칠판에 준비 완료 표시를 해야 하는데, 7방을 모두 입실시키고 그 다음에 올 서너 명 정도를 미리 봐두어야 마취과의 할 일이 준비된 것이고, 스크럽에게 우리는 준비 완료라는 뜻이 전달되는 것이다. 스크럽 측에서 수술 기구 소독이라던가 준비물들이 준비되기 전에 마취과에서 기본으로 깔아 줘야 하는 사항이었고, 스크럽 현황을 돌리는 사람은 차장님이었기에 마취과에서 준비된 것은 차장님이 수술 방을 돌리는 데에 조력하는 역할 중 하나였다.

첫 방의 모든 방에 마취과 끝나고 나면, 그 부터 내가 하는 일은 수술하도록 잘 준비 했는지 점검을 하는 것이었다. 이 때는 PCA에 사용하는 약물이 여러 가지인데, 루틴으로 쓰는 약이 환자의 알러지나 비급여에 따라 빠지는 경우가 있었다. 꼭 그 부분에서 무의식 적으로 일이 익숙하지 않을 때 약물을 잘못 믹스를 하는 경우가 생겼는데, 그러면 마취 원장님께 보고를 하고 다음 환자에게 용량이 같을 경우 부가

하거나 폐기하기도 했다. 이때 환자에게 약물을 연결한 것이 아니라 외부에 진통에 통에 만들어진 것이어서 환자 위해 사건은 전혀 아니었다. 이런 약물 문제나, 사람들이 수술 준비한다고 오가면서 환자에게 연결된 산소 튜브가 발에 걸려서 빠지면 산소 포화도가 떨어지기도 하기에 꼭 점검하는 부분 중 하나였다. 그 다음으로는 한 방 씩 선생님들에게 티타임을 하고 오라면서 자리를 대신해 준다. 기록지를 보면서 누락된 부분을 점검하고, 티타임 후 돌아오면 최대한 틀렸다는 의미가 아니라 이 부분 수정해주길 정중하게 요청되도록 태도를 조심했다. 이 모든 과정은 출근해서 한 시간 반 동안 이루어진 업무였다.

게임을 하듯이 난 이 일에 대한 소요 시간을 줄이면서 차장님이 필요로 할 때 환자를 바로 내릴 수 있도록 하는 게 무척이나 재미있었고, 연차는 내가 더 많았기에 그 경쟁에서 지고 싶지 않은 생각도 컸다. 내가 낸데! 라는 생각으로 경력이 더 있다는 것이 결코 헛 되이지 않다는 것을 내 스스로도 입증하고 싶었다.

그렇게, 결국 차지 자리는 나에게로 왔다. 지금 생각해보면 내가 더 일을 잘했다기 보다는 그 선생님이 욕심 없었던 것 같다. 내가 바득바득 하려고 일을 열심히 하니까 그래 너 해라 하면서 양보 한 느낌도 없지 않아 있었다. 그러나 나의 정신 건강을 위해 나는 내가 해냈구나, 열심히 잘 하려고 전략적으로 일을 한 게 효과가 있었구나 라고 생각하고 있다.

박수 칠 때 떠나라고 했던가, 나의 경우와는 좀 약간 애매한 예시이긴 하지만 난 또 차지로 승진이 임명되기 전에 이직을 하였다. 인정을 받은 시점에 이직을 선언한 나로서는 병원 측에서 나를 잡을 수밖에 없게 만든 포인트로 작용했다.

그 뿐만이 아니라 다른 이유들도 몇 가지 더 있었는데, 직장인들은 3월마다 연말정산을 한다. 간소화 서비스가 있지만, 그걸 하기 전에 몇 가지는 개인이 작성해서 병원에 PDF파일로 보내야 할 서류가 있다. 간호사들은 수 선생님이 되면 통계를 해야 해서 엑셀에 친숙하다지만, 입학이나 졸업할 때 조건에 컴퓨터 능력이 필수가 아닌 학과이다 보니 이런 간단한 문서 작업일지라도 거리감을 느끼는 사람들이 많다. 빠삭 한 사람이 없는 편일 뿐이고, 귀찮아하는 것도 크다. 그러나, 나는 맥북 하나를 사고서 신나게 뚜들기며 만져보고 기능을 활용하기를 좋아하는 편에 속했다. 그 수준 또한 일반 회사원에 비하면 나는 컴퓨터를 전혀 몰랐고, 친구가 그거 누르면 되잖아? 라면서 간단한 단축키를 알려 줄 정도였다. 그런데, 병원 무리에서는 나 정도의 관심만 갖고 있더라도 충분히 비벼 볼만 한 스펙으로 작용했다. 그래서 나는, 연말정산 간소화 서류에 대한 안내 사항들을 프린트해서 기입 해야 하는 칸에 형광펜을 칠해서 따라 작성할 수 있도록 수술 방 칠판에 부착 하였다. 차장님 또한 컴퓨터를 모르시는 건 아니지만, 시키지 않아도 스스로 일을 하는 모습과 모두가 모를 게 아니라 성가셔서 귀찮음에 하지 않을 법한 일을 내가 함에 있어서 가장 큰 장점으로 작용 한 것은 팀원을 생각한다는 마인드를 높게 사지 않았을까 싶다. 뿌듯한 눈으로 나를 쳐다보시더니 그 다음 해에도 나에게 맡기셨다. 간호 업무로써는 시키지 않은 일을 하는 게 어찌 보면 선 넘는 행위일 수도 있지만, 이 일은 간호사의 업무 영역이 아니었거니와 해야 하지만 주요 순서도에서 2순위인 일을 내가 정리해서 해낸 것도 있다. 이런 일들을 하는 모습은 결국엔 플러스가 되는 것이다. 내가 다음 해에도 이 업무를 했듯이 내 일이 되어 책임을 맡아 진행하였지만, 여기서 나의 곰인지 여우인지 모를 포인트를 말하자면, 저것은 인터넷에 검색만 해도 다 나와 있다. 어려운 일이 전혀 아니면 하는데 5분도 채 걸리지 않는다. 그런 일로 점수를 딸 수 있는 건 이득이다. 난 전혀 힘든 것도 없었고, 병원 일이 지겨울 연차였기에 이런 걸 뽑아서 형광펜 칠하며 하세요~ 하는 것도 새로운 재미가 있었다.

　내 것 할 것도 넘쳐나는데, 그런 것도 해야 해 라고 생각하지 말았으면 한다. 어디까지나 이러한 일은 내 일을 충분히 하고도 여유가 넘치며, 승진이나 연봉 상승에 욕심을 둔 자들을 위한 팁이니 말이다.

　난 이직을 할 때면, 의사마다 준비물이나 스타일이 다르기 때문에 그걸 노트북에 있는 파일 프로그램에 표로 작성한다. 내가 보기 쉬우려고 하는 것도 있지만, 카페에서 노트북 만지며 노는 것을 좋아하는 때이기도 하다. 그 당시는 별 다방에서 앱 등이 노트북을 하는 것이 힙 한 년도였기 때문이다. 그리고 더 큰 이유는 이직한 곳에서 나 이만큼 알고 알아서 잘 하니까 쓸데없이 건들지 말라는 경고장이기도 하다. 왜 이리 전투적이냐 싶겠지만, 잡아먹히는 사람들을 무척 많이 보았다. 내가 살아온 사회가 그러하니 나름의 내가 터득해 온 생존방식이다.

나를 위해 작성한 것을 남에게 주는 것이 아니라 나는 이렇게 정리했다며, 이 자료가 굳이 필요 없는 상급자에게는 파일을 내 핸드폰에만 갖고 있으면서 상급자에게 확인을 맡는 것이 내 이미지 만들기에 훌륭한 역할을 한다. 이 때 나의 포인트는 핸드폰으로 보여주며 이렇게 작성하고 있는데, 다음에 프린트해 오면 점검해 주실 수 있냐고 밑밥의 윙크를 날려야 한다. 이 방법으로 난 병원에 복직했을 때 호랑이 선생님의 마음을 사로잡기도 했다.

호랑이 선생님에 대해 잠시 말하자면, 지금 한 병원의 수 선생님이 되셨고, 혹시 수혈 지침이 바뀌고 있다는 것을 알고 있나? 그 선생님은 최신 동향까지 파악하고 있음을 의무를 가지고서 파일을 받아 공부하시는 분이었다. 그런 만큼 다른 일원들도 간호사가 환자를 보려면 당연히 알아야 하는 거라고 생각을 하셨다. 그 분에게 내가 만든 파일을 내밀었을 때, 어랏 애 좀 물건이네, 가르칠 맛 나겠는데? 라며 놀라는 표정을 하였고, 나는 퇴근마다 그 선생님과 저녁을 먹는 친분

까지 쌓을 정도로 좋은 이미지를 얻은 포인트가 되었다.

공부를 했다고 하면, 최소한 일에서 누락이 있을지언정 몰라서가 아니라 할 수 있는 실수를 했고, 큰 문제가 아니라는 이미지를 심어 줄 수 있다. 내 실수를 덮기 위함이 아니라, 잘하면 혼날 일도 덜 혼난다는 것이다. 안 혼날 일을 억울하게 혼나는 경우가 많은 곳이다 보니, 마이너스에서 제로 상태로 가는 것을 넘어 제로에서 +1이 될 수 있는 것이다. 물론, 공부나 정리는 훌륭하지만, 일을 그에 맞지 않게 너무 기운 운동장으로 하면 소용없다.

더 크게 보자면, 연봉을 올리기 위해서는 상급자 한 명이 아니라 모든 부서원이 인정할 만한 사람이 되어야 한다. 한때 이직률이 무척 높았던 곳에서 일을 한 적이 있는데, 수술방이 7-8개에 마취과 간호사가 한 달 사이에 5명이 관두어서 4명에서 아홉 명이 할 일을 소화 한 적이 있다. 내가 5년 차였었던 때 일이다. 누구는 결혼을 한다고 관두고, 아이를 가졌다고 관두고, 공무원을 하겠다며 관두고, 잠시 쉬고 싶다며 관두었다. 4명에서 일을 해 내는 게 어찌나 힘든 지를 액팅의 입장에 대해서는 병원이 마냥 알아주지 만은 않는다. 환자를 방금 받았고, 환자에게 진정제가 들어가고, 척추 마취 같은 경우는 보통 혈압이 떨어지기 마련이다. 또는 산소 포화도가 함께 쭉 떨어지는 경우도 있고, 수술 시작을 위한 칼이 피부에 닿으면, 깨는 경우도 있어서 그때 환자 옆에서 붙어서 주시를 해야 한다. 그런데도, 그 주시해야 하는 5분에서 십분 정도의 찰나도 허락되지 않았고, 다음 환자를 받아야 했다. 설상가상으로, 그럼에도 불구하고, 환자에게 문제는 있으면 안된다. 쉴 없이 환자를 받고 나면 좀 한숨 돌리고 싶다는 생각을 하는 찰나에 또 다음 환자가 온다. 그래서 최대한 동료들과 손과 입을 맞추며, 첫 번째 받은 사람은 본인 환자가 안정되면, 다른 사람을 도와줘야 한다. 그러면 두 번째 환자를 받은 사람이 첫 방과 본인 방을 함께 보고 있고, 첫 방 사람은 세 번째 방 사람에게 가는 것이다. 왜 간호사가 힘든 지는 이 부분에서 알 수 있을 것이다. 무슨 말인지 이해를 못 했다면, 당신의 문장력이 부족한 것이 아니다. 이 정도의 일 수준이면, 몸이 일하고 동선은 꼬이지 않도록 머리가 알아서 세팅을 해주기 때문이다. 그저 길 가다가 사람한테 부딪힐 것 같으면 피하는 것과 같달까? 또한, 병원이 이렇게 수술 방을 돌리는 것은 간호사들에게 그래도 환자는 안죽어, 이건 곧, 이 정도의 일을 해도 된다는 뜻이지, 얼른 일해! 이다. 톱니바퀴처럼 환자를 받고, 모니터링 하고 있으면 또 본인의 새로운 환자가 내려온다.

난 그때 일이 편하다고 만 생각했는데, 너무 힘들고 전혀 네 명인 상황을 이해해 주지 않는 게 그저 인권 자체를 무시하는 걸로만 느껴졌다. 5년 차가 넘었는데 이게 내 인생인가, 내 직업은 이리 굴려 질 대로 굴려지고 나가 떨어져서 관둔다고 할 때까지 남루 되는 바보 같은 업인가 싶어서 먹먹함이 밀려왔다. 그렇게 감정에 복받쳐 수술실

복도로 나와 다른 선생님과 눈물을 훔쳤다. 기계도 이렇게 돌릴 수는 없을 텐데, 사람 없는 것을 뻔히 알면서도 페이를 더 주는 것도 아니고, '잘하고 있다, 고맙다, 힘들지, 수고 많다'는 말조차도 없이 일을 시키는 지 정말로 딱 노예가 된 느낌이었다.

지금에서야 그렇게 해도 애들이 일을 해내기 때문에 병원 측은 무리가 아니라 생각해서 시킨 것을 알지만, 그때는 그 속내를 더욱 알다 보니 짜증이 났다.

이렇게 겨울을 나고 나니, 마취과뿐만이 아니라 수술실 스크럽 팀원들도 하나 둘씩 시작하여 한 분기에 여럿 떨어져 나갔다. 그제서야 병원이 정신 차렸나 싶을 테지만, 그때가 한참 지나서야 겨울 공장을 준비하기 직전이 되어서야 병원에서 퇴사자 감소 방안에 대한 의견 조사를 시작했다. 차장님 왈, 왜 이렇게들 이직을 하는 거니, 그 이유를 알 수 있을까 라며 서면으로 작성을 해야 한다고 운을 띄우셨다.

이때다 싶어서 나는 페이퍼를 작성했다. 그 내용은 나의 뿌듯함 자산이 되어 아직까지도 파일을 지우지 않고 보물처럼 소장하고 있으며, SNS 릴스에까지 캡쳐해서 올렸더니, 그 영상 조회 수가 16만 인데, 실제로 다른 사람들에게 어떻게 쓰일 지는 모르겠지만, 그만큼 처우 개선에 목마르며 무엇을 주장해 볼만한 지에 대한 사람들의 관심도가 크다는 것은 분명히 알 수 있다.

그 문서의 내용은 내가 요구하는 바가 있지만, 병원에서 무작정 들어 줄 리는 만무하기 때문에 최대한 객관적으로 보이길 원했고, 그래서 노동법을 중간 중간 집어넣어 나의 주장에 대한 근거로 사용하였다. 회사는 법적인 기준을 잘 피해서 사람을 굴리니, 노동자인 우리 또한 법의 사각지대를 알고서 요구하기 위한 장치였다.

내가 쓴 내용을 발췌하자면, 현재 노동법은 이러하지만, 병원 업무 특성상 모든 것을 지켜 줄 수 없는 것은 인정하는 바이다. 그러나 어쩌구저쩌구 라며 글을 써내려갔다. 최대한 감정을 배제시키고, 나라가 정했는데 왜 이것도 안 지켜주냐 라고 말하였다.

이 문서를 작성하면서 내가 가장 꼴불견으로 본 사람이 있는데, 그 사람은 난 이런 거 필요 없는데 라고 하는 사람이었다. 내가 제출하면 본인도 혜택을 받을 텐데, 가만히 있는 것도 모자라 입을 삐죽거리며 비아냥거리는 것이다. 그런 태도로 나온다면 내가 괜히 남을 위해 노력 해 주고 싶은 생각은 전혀 없다. 아니면, 정말 필요 없는데 내가 괜한 오지랖을 부려서 투머치 한 회사라고 생각하는 걸 수도 있으니, 나는 동의 하는 사람만 혜택을 누릴 수 있도록 동의서에 목록을 만들어 서명을 받았다.

서명 란은 단순히 동의, 비 동의가 아니라 서술 형태로 작성하였다. 이 부분에서 재미있는 결과가 나왔는데, 두 가지 목록 중 하나는, 현재 근로 환경이나 처우에 만족하기에 개선되는 제도에 대해에 동의하지 않으며 현행을 따르겠다는 것이고, 다른 하나는 이 요구를 들어

줄 것을 요청하며, 회사에서 개선 해주고 챙겨 주는 것에 걸맞도록 업무 태만을 하지 않고, 표준 파일을 만들고 이행함으로써 기여하겠다는 문구였다. 그랬더니 모두가 후자에 동의하는 사인을 하였다. 앞서 말 한 안티도 말이다.

내가 이렇게 했던 이유는 모두 경험에서 우러나온 선택이다. 3년차 때, 선배 한 명이 무척 일을 안 하고 괴롭히기만 해서 모두가 입을 모아 욕을 하곤 했는데, 정작 말 해보라는 자리에서는 다들 한 발자국씩 물러나 있었기 때문이다. 그 때 난 사람들의 치사함? 옹졸함, 비겁함을 알게 되었고, 절대 남을 위해서 내가 대표로 해서 나만 화살을 맞을 일이 없도록 선동하지 말고 공적으로 요구할 때는 서명을, 그게 안될 때는 나만을 위해 나만 조용히 요구하자고 생각했다.

-면접 볼 때 회사 간 보는 꿀팁

대학 병원 입사를 원하는 신규 간호사 또는 경력직 선생님들 이라면, 내가 말해 줄 적용들이 하나부터 열까지 딱 맞진 않을 것이다. 그러나 큰 흐름으로 봤을 때는 간호사로써 취직할 때 어떤 것을 따져 보아야 할 지 참고하기에는 그 어느 자료보다도 좋을 것이다. 어느 대학 병원을 들어간 사람은 있지만 대학 병원들을 다녀본 사람이라거나 병원을 여기저기 이직해 봤다거나 한 사람들이 나처럼 10년 차가 되어서 글을 쓰고 있을 확률은 적기 때문이다.

처음 1년, 신규 간호사 때, 모 대학 병원에서 근무를 하였다. 내가 입사 할 때만해도 성적을 크게 보지도 않았고, 참하게 하고 면접을 가면 좋아한다는 소문이 돌 정도로 능력주의는 아니었다. 음, 얼굴이나 이미지도 능력이라면 능력일 수도 있겠지만, 미스 코리아도 아니고, 그냥 얌전히 기 쎄 보이지는 않는 지 정도를 본 게 아닐까 싶다. 외모를 본다 하니, 나는 나만의 차별점을 보여 주어야 함에 초점을 맞추었다. 그래서 모두가 검정색 정장을 입을 것이라 예상하고 면접에 나는 하얀색 자켓 정장을 입고 참석했다. 내가 대학생 때를 제외 한 모든 학창 시절을 보냈던 지역에 소재 한 대학 병원이라서 그 점도 놓치지 않고 말할 생각이었다. 아, 그때는 블라인드 채용이 없었다. 이 채용은 내가 일을 하면서 생겨난 것이니 말이다. 그리고 서울대학교 같은 병원이 아니고서야 블라인드가 잘 없기도 하다. 난 그래서 그곳 의대생 에게 과외를 받았다는 둥, 어른들이 좋아하실 만한 입바른 소리들을 하였고, 합격하였다.

더욱 재미있는 게 사람 인생이라는 이유가 여기에도 있는데, 그때 면접 보신 분이 10년 후, 내가 복직 면접 볼 때도 면접관으로 자리하신 부분이다. 그렇지 않아도 자신을 기억 못하느냐고 본인이 면접 봤을 거라며 나를 더욱이 반가워하는 뉘앙스를 취하셨다. 아마, 빅5 같은 정공법이 통하는 대학 병원이 아니기에 가능했을 것이다.

그 이후로 나는 7군데의 병원을 거쳐 현재 척추 병원 수술실에서 근무를 하고 있다. 적어도 10군데 이상의 로칼 병원에서 합격을 주었고, 그 외에 문어발식으로 간 보려고 이력서를 내고, 면접 본 곳들 까지 합하면 최소 서른 곳 정도는 보았을 것이다.

가장 재미있는 면접은, 두바이 간호사였는데, 우리나라 국가기관이 해외에서 근무하는 직원들을 대상으로 산업 간호사를 채용하는 거였다. 줌으로 오직 영어 면접을 보았는데, 난 대충 하지 뭐 라는 생각으로 봤었고, 탈락한 이유는 영어가 아니라 의학적 지식 때문이었다. 심근 경색의 병태 생리와 환자 관리에 대해 물어봤었다. 답을 못했다. 마취과 간호사라고 했는데, 심근경색일 줄이야. 의학 용어를 듣자마자 내가 지금 뭘 들은 건가 당황해서 말을 얼버무렸다.

로컬 병원이라는 것이 생소할 수 있어서 설명을 더하자면, 무조건 대학 병원이 아니라고 해서 로컬이 아니다. 우리가 어렸을 때 감기 걸리면 동네 소아과를 가고, 물리 치료를 받으러 정형외과를 다니던 그런 병원도 로컬이고, 내가 다닌 곳들 같은 경우는 간호사만 적어도 50명, 많게는 200명이 정도 있는 규모였고, 이 병원들 또한 로컬이라 일컫는다. 대학 병원도 과의 개수 부족으로 인해 3차 병원으로 분류되지 못하고 2차 병원이 된 곳도 있지만, 대학 설립 기관도 아니며 개인이 재단을 설립하여 지어졌는데 종합병원인 곳도 있기 때문에 정확한 분류보다는 로컬이라고 해서 의사 한 명 두고 병실 10개 정도 두면서 깁스라고 많이들 아는 스플린트 정도만 대어 주는 곳이 아니라는 것만 알고 넘어가면 될 듯하다.

일단, 나는 간호사 구인 사이트에 이력서를 등록해 두고, 마음에 드는 곳을 스크랩 해 둔다. 그중에서 지역이나 연봉을 통해 2차적으로 거른 후에 지원한다.

가장 많은 연락이 오는 곳은 보통 마취과가 아니라 스크럽 할 생각이 없느냐, 병동할 생각이 없느냐며 일손 부족한 부서들이 물어오는 경우도 많다. 그건 양반이고, 분명 마취과로 지원했건만, 마취과는 자리가 충분하고, 혹시 다른 부서 할 생각은 없냐면서 마구잡이로 전화하는 곳들도 있다.

-WGOB test

이 테스트는 내가 만들어 낸 체크리스트 도구이다. 간호학을 배우다 보면, 발에 치이게 외워야 할 것 들이 있다. 바로 땡땡 scale, 땡땡 사정도구, 땡땡 스코어 같은 수많은 지표들이다. 몇 단계 안 되는 것들이 겉으로는 단순해 보여도 그에 따른 구분을 공부하다 보면, 이해를 넘어 암기를 해야 하는 것도 있어서 이것저것 외우다가 헷갈리기까지 한다. 그래서 난 시험 시작 1분전 까지 그것들을 외우다가 책을 덮곤 했다.

내 테스트가 교과서에 실린다면 골치 아프겠지만, 적어도 내가 죽기 전엔 그럴 일 없지 않을까? 이런 생각들을 하며 재미나게 만들어

보았다. MBTI 검사가 다양한 사람들의 특성이나 나와 다른 사람들을 좀 이해할 수 있도록 다각적인 시야의 확장을 주었듯이, 우리가 가진 문제도 왜 그러지 라며 고민하기 보다는 원인을 알고 갔으면 한다.

가장 초점을 맞춘 점은 나 스스로를 알아야 한다는 것이고, 나아가서 타인까지도 이해를 하도록 도와서 대처를 유연하게 할 수 있는 데에 있다. 이 테스트는 간호사들에게만 국한되지 않는다. SNS에 릴스를 통해 나의 경험담 들과 깨닫게 된 내용들을 올리다 보니 간호사뿐만이 아니라 비슷한 업종인 치위생사 선생님부터 시작하여 물리치료사, 소방관 등 의료, 보건 계열 종사자 분들은 물론이거니와 병원 분야가 아닌 일반 직장인 분들까지도 상담을 걸어오셨다.

상담 내용을 털어 보자면, 당사자는 무척 힘들었을 터이지만, 가장 사소한 듯하면서도 스트레스를 극으로 가도록 만드는 소음 문제로 상담을 걸어온 분도 계셨다. 그 분의 사무실은 인원이 몇 명이 되지 않아 옆 사람의 소리가 무척 잘 들리는 거리에서 근무한다고 하셨다. 그런데, 동료가 얼음을 씹어 먹어서 집중이 안 된다고 어떻게 해야 좋을지 물어오셨다. 처음에는 이 분이 예민하신 건가라는 조심스런 생각을 하면서 일단, 동료에게 말해보았냐 했더니 본인은 그래야 집중이 잘된다면서 아랑곳하지 않고 씹어 먹는다는 거였다. 사연을 말씀해 주신 분은 조용히 해야 집중이 잘 되는 스타일이어서 그 소리가 번잡하고 주의력을 흐트린다고 하셨는데, 어떤 업무이실지는 몰라도 회사가 조용하게 컴퓨터 자판 소리만 들리는 곳이거나, 창의력을 다하여 업무를 해야 한다거나 몰입에 가까운 집중력을 요하는 업무라면 무척 스트레스일 거라 생각된다.

사람은 동병상련을 하는 편이기도 하지만 그것 또한 자신이 포함되어 있기 때문이고, 그전에 역지사지가 잘 되거나 객관적인 사람은 많지가 않다. 나라는 사람은 늘 나로 살았기 때문이고, 내 주변도 그런 나에게 별말을 안 했기에 자연스레 형성 된 본인에게서 문제점을 찾지 못할 수도 있다.

난 두 사람의 이야기를 듣지 않았기에 어찌 보면, 내담자가 얼음 씹는 사소한 소리에도 예민하게 행동하는 걸 수도 있다. 그래서 조금 더 공정성을 찾고자 그 현장에 있는 상사 분께 이야기는 해보셨는지 여쭈었더니, 상사도 인지하고 있어서 이야기를 했음에도 고쳐지지 않는다고 했다. 그래서 나는 눈에는 눈 이에는 이 작전을 펼쳐보는 것이 어떻겠냐고 했다. 솔직히 또라이에게는 논리가 통하지 않기에 똑같이 당해서 피해를 느껴야지 만 고쳐지는 사람이 더러 있다. 그래서 나는 라디오를 틀어두고서 스피커를 그 얼음 동료 쪽으로 틀어두는 게 어떻겠냐고 제안했다. 그랬더니 답은 돌아오지 않았는데, 아마 내가 장난으로 던진 말로 알아들었으리라 본다. 본인은 해결하지 못하여 나에게까지 물었을 텐데, 내가 해주고 싶은 말은 모두가 대수롭지 않게 생각 할 때 본인만 이상하다 여기는 상황이라면, 한번쯤 그 소수가 자신을 되돌아볼 만 하지만, 늘 다수가 옳은 것은 아니다. 소수가 불편해도 불편한 것이다. 그러나 사회가 다수결의 원리로 돌아가듯이 그 조직의 생존 방식을 받아들이려는 자세도 필요하다. 서로의 노력이 필요한 것이다. 본인이 귀마개를 해본다던가, 같이 얼음을 씹어 보고서 얼음 씹기의 장점을 안다던가, 계속 공존하는 방법을 찾아가야 한다. 나 같은 경우는 그 소음마저도 그냥 익숙해지도록 하는 편인데, 상담을 걸어오신 분께서 답이 없는 것을 미루어 보면, 어떠한 방법을 알려드려도 나를 신뢰하지 않았을 거라 생각한다. 수많은 방법을 스스로 충분히 해보고도 되지 않아서 나에게 물었을 테지만, 정작 내가 알려 준 방법은 시도해 보지 않았을 수도 있을 거라 생각된다. 달라지려 하지 않으면 달라지는 것도 없다.

그런 스트레스를 소거하는 방법은 케이스에 따라 답변이 달라지는데, 내가 일을 잘하고 있는 지에 대한 답만큼은 앞으로 말하는 방법들이 누구의 입장을 들어보지 않더라도 도움이 될 거라 생각한다. 왜냐하면 내가 그걸 생각하며 일해온 산 증인이고, 적용이 늘 되고 있기 때문이다.

이 목록들은 나라고 처음부터 의도를 해서 풀어간 것이 아니다. 물론, 내 성격이 해결하는 데에 초점이 맞추어져 있긴 할 뿐 어떻게 되고자 하는 목표점을 설정한 것은 아니다. 잘하려다 보니, 나에게 걸림돌이 되는 부분들은 소거 시키려다 보니, 지금의 내가 어떻고, 다음에

쓰러트릴 성은 무엇이며 어떻게 접근해 볼까, 게임처럼 생각하다 보니 알게 된 패턴들이다.

누구라도 일을 하고 있는 사람이라면, 또는 일이 아니어도 학생 생활에서 까지 본인이 어디에 있는 지 알 수 있는 이해하기 쉬운 간단한 말들로 풀었으며, 단계가 올라갈수록 잘하고 있다는 지수의 수준이고 난이도를 가르킨다.

1. 어렵던 일들에 부담이 없어진다.

2. 일의 순서가 머리로 그려진다.

3. 변수가 있어도 대처가 가능하다.

4. 동료의 도움 요청 시 일 처리가 가능하다.

5. 내 일을 하고 동료의 버거운 부분을 돕는 게 즐겁고 여유있다.

6. 선배의 일을 도울 수 있다.

7. 동료와 선배의 빈틈을 채울 수 있다.

8. 업무 외에 부가적인 일까지 시선이 간다.

9. 내 일과 주변 상황을 효율적으로 만들 방법이 생각난다.

10. 9까지의 상황이 언제든 적용 가능하다.

1.어렵던 일들에 부담이 없어진다.

신규 시절에 선생님들은 척척 일을 하는데, 나는 도구의 이름부터가 어려웠고, 물건들의 위치며 수술실에서 무균술을 할 때 목에서 몇

cm, 가슴에서 몇 cm까지가 안전 범위이며, 손을 씻을 때 손톱이며 손목 팔까지 씻는 순서와 횟수 등등 모든 것이 모르는 것 투성이었고, 알아야 하는 것들이 내 머리 속에서 뒤죽박죽 꼬였었다. 한번 꼬이기 시작하면 바로 풀어 가기에는 과부하가 밀려왔고, 그렇게 알던 것도 까맣게 잃어버리기 일쑤였다. 그래서 출근도 하기 싫어지고, 퇴근 후에는 집에 누워서 다음 날 출근해서 또 그걸 어떻게 할 지 걱정하다보니 늘 부담과 걱정이 앞섰다. 그런데, 시간이 흐르고 보니 이랬던 일들에도 시간적 경험과 노력이 쌓이면 쉬운 일로 바뀌는 걸 알 수 있었다.

2.일의 순서가 머리로 그려진다.

    내가 신규 시절 가장 두려웠던 게 알던 것도 까먹는 것이라고 말했다. 선배가 혼을 내거나 수술 중 교수님과 손이 한 박자라도 어긋나면, 필드를 보고 다음 순서를 맞추는 게 아니라 머릿속은 내가 종이에 정리했던 순서들을 읊고 있고, 몸은 현장에 있다 보니 손은 일을 즉각 해야하다보니, 머릿속이 블랙아웃 된 상태에 빠지는 게 일상이었다. 무조건 외워서 달달달 읊는 게 아니라, 일을 시작하기 전에 한 번 더 가다듬고서 불안한 마음 없이 순조롭게 무엇부터 시작하고, 그다음은 저것을 하자고 되뇌이며 예행 연습하듯이 묘사하는 것이 당연하게 되는 단계이다.

3. 변수가 있어도 대처가 가능하다.

2번의 내용에서 업그레이드 된 버전으로, 일에 변수가 생겨서 순서가 뒤죽박죽 되더라도 퍼즐 맞추듯이 딱딱 정리가 되고, 앞으로 발생할 수 있는 다른 상황들까지도 예측이 되는 단계이다.

4. 동료의 도움 요청 시 일 처리가 가능하다.

3번까지가 모두 되었다면, 이제 나 자체로서의 회사에 보여줄 수 있는 몫은 어느 정도 할당량을 채운 것이다. 내가 내 일만 하면 되지라고 생각하겠지만, 내 책을 읽으시는 분들은 더 잘하고 싶은 분들이라고 생각하기에 말해주자면, 발전하고 승진하기 위하여 나뿐만이 아니라 나에게도 일어날 수 있는 상황들의 값을 조건이 같은 동기들에게도 일어날 거라는 가정 하에 돕는 것이다. 내가 처리 가능한 일이기도 하며, 나의 일을 하면서 다른 사람의 누락된 부분까지 커버를 쳐줄 수 있는 것은 참으로 대견한 일이다. 왜 남을 도와야 하나 싶겠지만, 도움을 받는 사람은 그렇게 넘어가는 것이고, 도움을 준 나는 그것도 할 줄 알기 때문에 더 윗 단계의 일을 할 수 있는 것이다.

서로가 회사를 어려워하는 시점에서, 도와주는 존재가 있다는 것이 비록 서로 할 줄 아는 게 많지 않은 동기라 할지라도 든든한 아군이 된다. 게다가, 내가 동료의 일도 도울 수 있을 때는 적어도 '3번'까지 단계가 가능하고 나서의 때일 터이니 선배들도 그것을 알고 후한 평가를 줄 것이다.

5. 동료의 버거운 부분을 돕는 게 즐겁고 여유 있다.

4번과 비슷한 듯 하나 실력 차이가 극명한 단계이기에 5번이 된다는 것은 많은 뜻을 가진다. 사고가 터졌고, 그걸 해결할 수 있다 보니 어쩔 수 없이 돕는 것과 도움 자체가 나에게 버거운 것이 아니라 그 정도는 식은 죽 먹기라는 듯이 즐거운 일 중에 하나가 된다면, 일을 하는 데에 있어서 내가 할 줄 아는 게 많다 라고 인식을 할 것이고, 나의 자신감까지 뿜뿜 시켜 주는 일이다. 말이 잘 와 닿지 않는다면, 4번은 물이 엎질러져서 헐레벌떡 닦으면서 정신없는 것이라면, 5번은 물이 엎질러졌네? 걸레가~ 어딨더라~~ 하면서 닦은 후에 걸레를 짜면서 나 좀 멋진데? 라고 할 수 있는 것이다.

6.선배의 일을 도울 수 있다.

나와 업무가 같은 동료를 돕는 것을 떠나 선배가 필요한 것을 세팅한다거나 선배가 도움을 요청할 때 바로바로 일이 가능한 단계이다. 예들 들어보자면, 덧셈과 뺄셈만 하다가 곱하기 나누기까지 할 줄 아는 것이다. 누군가가 서류 더미를 가져가다가 떨어트렸을 때, 뒤죽박

죽 된 파일들을 주워서 순서까지 정리해서 줄 줄 아는 것이다, 그저 주워 주기만 하는 것은 인간으로서의 도리이지, 업무가 아니다. 주워서 어느 파일에 넣어야 할 지 알고 하는 것이 업무이다.

7.동료와 선배의 빈틈을 채울 수 있다.

이쯤 되면, 동료의 빈틈은 모두가 설명 없이도 이해하고 있을 것이다. 자 이제 그 수준은 나의 것으로 만들어진 지 오래이고, 이제는 선배의 빈틈을 채워볼까? 그전에, 혹 누군가는 제가 할 줄 아는 선배 일이라면 선배가 없어도 되는 거 아닌가요? 또는, 선배가 할 일을 왜 내가 할 줄 알아야 해? 나보다 더 알아야 하고 더 일하니까 선배이잖아 라고 생각 할 수도 있다. 그러나 내가 하고자 하는 말은, 회사는 선배가 없을 때를 대비해서 대체 근무자를 생각해 둔다. 상급자는 휴가를 가거나 피치 못할 일정이 있어서 빠진다 한들 되도록이면, 바쁘지 않은 날을 골랐을 것이다. 그럼에도 불구하고, 일손이라는 것이 늘 더 필요할 수밖에 없다. 다른 선배가 그 일을 더 하는 동안 나는 어깨너머 배운 사람처럼 그 선배를 도울 수 있는 단계가 되어야 한다. 시키지 않아도 언젠가는 해야 할 일을 허락 된 선에서 예행 연습해 보는 때이다. 선 넘는 일이어서는 안 된다. 이 때의 장점은 완벽하게 잘 해야 한다는 압박감이 없으며, 오히려 고맙다는 이미지와 해보려 한다는 칭찬까지 덤으로 가져갈 수 있다. 해야 할 일을 조금이라도 직접 경험 해 보고 시작한다면 이해도와 습득력에는 차이가 있을 수밖에 없다. 할 줄 아는 게 많아지면 피곤하기만 한 것이 아닐까 싶겠지만 일이란 건 반복을 통해 익숙해지다 보면 콩나물 다듬듯 정신적 소모도가 불필요하며, 그렇게 업무에 대한 스트레스가 줄어드는 점이다. 물이 엎질러져서 넘어지는 일이 없도록 미리 바닥을 닦아두는 일을 한다 했을 때 걸레를 어디서 가져와야 하는지를 알고 있는 것과 같다.

8.업무 외에 부가적인 일까지 시선이 간다.

업무를 할 줄 알고 나면 나 같은 경우는 중간 연차 때 회사가 지겨웠다. 더 이상 배울 것도 없고, 일은 척척 잘 해나가고 있는 것 같은데, 내 연봉을 보면 결코 또 멈추어서는 안 될 것 같았다. 조바심이 날 수 밖에 없었고, 그러다 보니 늘 연봉을 올리러 이직을 하곤 했다. 내가 7년 차 때 먼저 나서서 연말정산 서류 작성법을 준비해 둔 것도 이와 같은 맥락이다. 내가 차지가 된다는 사실에 좀 더 주인 의식이 생긴 것도 있다. 난 더 잘 하는 사람으로 입지를 굳히고 싶어서 이것저것 일들을 욕심내기도 했다. 지금에서야 보니 나의 시작은 의도적이었지만, 시야가 넓다는 것은 할 줄 아는 게 많다는 것이고 그게 남들과 비교된다면, 나의 큰 장점이 되는 것이다.

지금 일하고 있는 병원에서 나는 다른 곳으로 옮길 생각을 하기 보다는 정년까지는 다닐 생각에 더 마음이 실려져 있다. 오픈 준비를 처음부터 직접 하면서 일을 해오다 보니 수술실을 대하는 내 태도가 남달랐다. 스크럽 선생님들이 환자 수술 준비를 하면서 멸균 술을 할 때, 오염과 감염 범주 때문에 쓰레기를 바닥에 떨어트리곤 한다. 그것을 어시스트나 서큐레이팅 간호사가 정리를 하기도 하지만, 바빠서 정리를 못했을 땐 내가 주워서 버리곤 한다. 눈에 보이는 쓰레기를 줍는 게 뭐가 대단한가 싶겠지만, 재밌는 것이 내가 줍지 않으면 수술이 끝날 때까지 제자리인 경우가 허다하다. 이런 게 바로 시야이니, 크게 무겁게 생각할 것도 없다. 또한, 의사들이 수술 후에 납 장갑이나 가운을 벗어서 바닥에 버릴 때, 가운은 폐기물 통에 버려지는 게 맞고, 납 장갑은 재사용을 하는 것이라서 다시 주워야 한다. 나는 비닐 장갑을 끼고서 준비실까지 가져다 주는 것을 종종 한다. 이 일은 내가 먼저 손이 되어서 할 때도 있지만 수술이 끝나도록 눈치 채는 사람이 없어서 할 때도 있다.

명시된 내 업무는 아니지만, 경력직인 나로서는 다른 사람에 비하여 일이 익숙하고, 여우가 있는 만큼 멍 때리는 것 보다 은연중에 나는 그런 것까지 할 수 있는 여유가 있다는 것을 혼자서만 알고 있는 것도 일이나 회사에 대한 자신감을 갖도록 해준다. 물론, 주변에서 보는 것도 있는데, 그걸 본 사람들은 나의 업무를 넘어서 일을 하고 있는 나에게 일적으로서 빈틈을 공략할 수 없게 되는 것도 있다. 너나 잘해 라는 말을 듣고 싶지 않을 터이니 말이다.

사람 자체가 완벽하지 않기에 실수를 줄이려 노력하는 것이고, 실수란 것은 사람의 생명과 건강을 다루는 특수한 업무를 해야 하는 병원에서는 더욱이 용납이 되지 않는다. 실수에 대한 허용치가 관대하지 않은 곳임을 감안한다면, 내가 평소에 일을 잘 처리하는 모습은 작은 실수를 할 때, 주변에서 나를 실수 그대로 받아들이게 하는 것을 한번 막아준다. "쟤가 그럴 리가 없어." 라고 보호해주는 것이다. 이것을 악용할 수가 없는 것이 연결고리가 있는 병원의 일은 어디서 문제가 생겼을 때 원인이 분명하다. 악용한다면 탄로날 수밖에 없다. 그런 걸 바로 알아채는 재미를 가진 나 같은 또라이가 늘 존재하기 때문이다.

9.내 일과 주변 상황을 효율적으로 만드는 방법이 생각난다.

8번은 쓰레기를 줍는다거나 꽉 찬 쓰레기통을 비운다거나, 비운 통을 다시 봉투로 씌워두는 것처럼 도덕적이며, 업무 능력과 상관없이 할 수 있는 일이라면, 9단계는 일로써 활용 가능한 방법들을 만들고 적용하는 것이다. 예를 들어, 처방을 넣을 때 모두가 쉽게 누락하거나 틀릴 수 있는 부분을 묶음 처방에 추가하거나 빼 둔 다거나, 처방 명이나 약물이 변경됐을 때 하던 대로 자연스레 일을 하지 않고 한 번 더 점검하도록 입력하는 컴퓨터 앞에 메모지를 붙여 두어서 모두가 상기시키도록 하는 것 같은 일이다.

나 같은 경우는 귀차니즘이 극에 달하여 결국 편리성을 찾아내는 편에 속한다. 뇌를 거치지 않고도 할 수 있는 부가적인 업무들로 돌리는 데에 재미를 느끼고, 그럴 수 있도록 오로지 머리를 효율적이기 위한 방법을 생각해낼 때만 쓰도록 한다. 이렇게 재미를 붙이다 보면 회사 생활이 재밌어질 때도 있다.

한번은 연구라기보다는 사용할 때 계속 부러졌던 부분이 너덜거리길래 작은 것으로 바꿔두는 작업을 한 적이 있다. 수술이 없는 날 그것 들을 자르고 교체하면서 시간 가는 줄도 몰랐는데 다 하고 나니 퇴근 시간 이었다. 이게 어찌 이득이 아닐 수 있을까? 어떻게 하든 하루가 흘러가는 데, 지겹거나 몸이 꼬이도록 고통스러운 시간들이 순삭되었다. 내가 개발자라면 시간 보다는 몰입할 만큼 가치가 있는 가에 따른 생산성이 중요하겠지만, 나는 몸으로 일하는 사람이다. 출퇴근 시간이 정해져 있는 사람이라면 지루하게 시계만 쳐다보는 것 보다 훨씬 더 흥미롭고, 내 정신 건강에도 이롭다.

10. 9까지의 상황이 언제든 적용 가능하다.

내가 할 줄은 안다는 것과 그건 쌉 가능이라고 하는 것에는 큰 차이가 있다. 누가 툭 치거나 내가 의식해야 하지만 할 수 있는 것은 나의 뇌가 피곤할 수밖에 없다. 어떤 날을 할 수 있고, 잠을 덜 잔 날에는 부담스러운 일이라면 아직 내 것이 아닌 것이다. 그럴 때는 일할 때 불안정한 마음이 다른 사람에게도 보일 뿐더러, 혹여 다른 사람들은 눈치를 채지 못한다고 할지라도 내 하루를 가장 잘 아는 내 스스로는 안다. 내가 일할 때 쫄려하는 것 보다는 언제든 꺼낼 수 있는 실력을 갖고 있는 것의 차이는 하늘과 땅 차이다.

난 회사를 놀러 다니고 싶은 사람이다. 정말 놀러 간다는 것이 아니라 어떠한 일을 하더라도 내 할당량을 가벼이 채우고 온다는 기분을 받는 것이다. 그러면 퇴근 후에 운동을 다닌 다거나 책을 읽는 다거나 충분히 워라벨을 만들 수 있는 에너지를 가지는 시기가 온다.

─환자 컴플레인, 역이용하는 방법

　수술실에서 일하는 나 같은 경우는 소위 말하는 진상이라면, 마취가 풀릴 무렵에 난동 부리는 경우 그 정도이다. 제어가 되지 않는 점이 난이도 최상이랄까? 수술하는 동안 움직이면 안 되다보니, 수술하는 의사들은 신경을 부리고, 환자 진정시키는 건 약을 무조건 주다가는 산소 포화도는 떨어지니, 에어 웨이를 입에 넣거나 숨 쉬는 걸 확인하면서 무의식적인 힘을 억누르려다 보면, 내 팔이 두 개인 게 문제일 정도이다. 환자가 무의식에 하는 행동이다 보니 따지고 보면 진상이라고 보기는 어렵다. 오히려, 같이 일하는 사람들이 진상인 경우가 더 많은 게 수술실이다.

그래서 보통 겪은 나의 진상 리스트틀 척추 시술실에서 근무할 때 이야기들이다. 진정하는 약이 들어가지 않은 채로 국소 마취만 간단히 한 후 이루어지다보니, 시술 실에 입실할 때부터 나갈 때 까지 깨어있는 분들이다. 내가 생각하는 진상의 기준은 환자가 의식을 하느냐 못 하느냐도 있지만 더 세부적으로 말하자면, 가장 힘든 사람은 의료진의 모든 말을 알아들었음에도 불구하고, 안하무인으로 모르쇠를 일관하는 분들이다.

간접 경험을 주자면, 병원에서 일을 해보지 않아도 체험이 가능한 것들을 말해주겠다. 주변에 가족 이라거나 친구들 또는 지인들이 아플 때의 반응을 살펴보자. 그들의 행동을 분석 하다보면, 진상 일 지 아닌 지도 대략 짐작할 수가 있다. 저 사람이 무엇을 원하는 지 어떻게 해야 기분이 좀 나아지는지 살펴보면 되는데, 사람은 아플 때면 성격이 나오다보니, 불치병에도 꾹 참는 사람이 있는 반면에 감기에도 본인이 비련의 주인공이 된 마냥 나 환자에요 아련아련하는 사람도 있다. 물론, 감정적으로 대하는 자세가 천차만별인 것도 있겠고, 몸이 약하면 질병의 중증도를 떠나서 더 통증이라거나 불편함들이 클 수도 있다.

얼만큼 아픈 지는 이미 환자들을 구분할 수 있는 지표들이 있다. 의학적인 접근 외로 간호사들이나 아픈 사람들을 대응해야 하는 분들을 위하여 내가 일을 하며 구분한 것을 말해주겠다. 이것은 환자가 수술실에 입실해서 진정제가 들어가기까지 짧게는 10분에서 30분 정도의 찰나들을 11년간 봐온 내가 자연스레 터득 한 유형들이다. 어린 아이형, 눈물형, 기도형, 실실형, 물음표 살인마형, 젠틀형으로 나눌 수 있다.

이 모든 유형은 긴장에서 비롯된 것인데, 자신의 질환을 고치기 위하여 수술대에 오르는 사람이라면, 그 누구든 긴장을 안 할 수가 없을 것이다. 덤덤함조차도 그 사람이 불안을 대하는 방식 중 하나이다.

11년 동안 마취를 봐 온 나조차도 치과에 가면 국소 마취를 분명 하는데도 국소 마취를 하면, 곧 풀려서 고통스럽게 아픈 건 아닐까 싶어 미리 걱정을 하고, 무서워 한다. 마취과 간호사가 마취약을 믿지 못하다니 얼마나 이상할까. 내가 무서워 하는 이유는 아는 게 병인 경우이다. 하반신 마취나 전신 마취 같은 경우는 기본 두 시간에서 많게는 몇 시간 동안 지속되지만, 국소 마취는 지속 시간이나 몸에 따라 필요로 하는 용량이 무수히 천차만별이다. 분명 마취를 했는데도, 바로 아파하는 사람을 여럿 보았다. 물론, 내가 말초 부분을 수술하는 걸 보아서 그럴 수도 있다. 같은 양의 약을 주어도 통증 역치가 사람마다 다르기 때문에 마취의 심도나 감각의 편차가 있으며, 얼얼하거나 만지는 느낌 또는 치과 신경 치료처럼 찌릿하며 예리하게 아픈 통증까지 상상하기도 싫을 만큼 소름 끼치고 예고 없는 통증도 있다.

게다가 나는, 수술 과정을 대략적으로 알기 때문에, 리도카인 주사로 찌른 뒤에는 칼을 넣겠지? 그 다음은 썩은 충치를 긁어내겠지? 긁으면, 헹구고 빨아들이는 석션을 하며 씻어낼 거고, 그 다음은 꿰메겠다. 가 나의 수술 중 의식 흐름이다.

아는 나도 이러한데, 의학적 지식 이라거나 병원에 와 본 경험이 없는 분들은 얼마나 더할까 싶다. 아는 두려움과 모르는 두려움에 우열을 가릴 수가 없다. 무섭거나, 걱정되거나 하는 심리 상태는 똑같이 수술 앞에서 들 수밖에 없다. 그러나 이런 심리 상태를 바탕으로 불안이나 두려움이 나타나는 방식은 사람마다 무척 다르다.

첫 번째 어린 아이형은 정말로 아이가 되어 버리는 경우이다. 어른이지만 아플 때만큼은 괜히 때를 쓰거나 짜증을 낸다. 이유 모를 짜증이기 때문에 해결을 해줄 수가 없고, 어떻게 해드릴까 라고 물으면 더욱 몰라!!!! 라는 식으로 이래도 흥 저래도 흥하는 경우이다. 이런 분들은 정말 아이를 달래듯 오구 오구 아프시구나 하며 안아 주어야 하는데, 중요한 것은 짜증 내는 것을 받아주더라도, 말도 안 되는 요구는 무조건 받아주어서는 안 된다. 당신이 힘들다는 것을 나는 알고 있다. 최대한 수용을 하고 있다. 그러나 선은 여기까지 라는 것을 상대가 더욱 으아앙아 거리지 않도록 상냥하면서도 단호하게 대응해야 한다.

두번째, 눈물형 특히 이 경우는 내가 시술실에서 근무할 때 만났던 환자인데, 여성 분이었고 많이 아픈 거 아니냐며 시술을 하기 전부터 계속 우셨다. 출산 경험이 있는 선배가 아이 낳아보셨죠? 자연분만 하셨어요 아니면 제왕 절개 하셨어요? 라고 물으니, 자연 분만을 하셨다고 했다. 선배는 그것보다 천 배 만 배 안 아파유~ 라고 했지만 그분은 계속 눈물을 보이셨는데, 막상 5분도 채 걸리지 않는 시술을 받고나니, 내가 왜 울었는지 모르겠다며 상당히 창피하다며 머쓱해 하셨다. 이 때 울음을 그치려 하기 보다는 휴지를 가져다주면서 많은 분들이 가뿐히 하고 나가신다, 많이 걱정되신다면 옆에서 최대한 진통제를 즉각 줄 수 있도록 최선을 다해 준비하겠다 라는 등 안심을 시켜야 한다. 그리고, 마음의 준비가 되어 있는지 확인을 한 번 더 해주면 좋다. 이에 따라 울 틈도 없이 일을 마치는 의사도 여럿 있으니, 나의 몫은 그저 정서를 알아주는 것이다.

세번째, 기도형 우리나라는 종교가 다양하다. 대표적으로 불교와 기독교, 천주교로 나누겠다. 찬송가를 부르시는 분도 있고, 주기도문을 읊는다거나 하나님, 부처님, 나무 아미타불 관세음보살 등등 눈을 감고 계속 읊으시는 분들도 계신다. 이런 분들께는 기도가 긴장을 푸는 방법이기 때문에 수술실 침대에서 이동을 해야 하는 경우를 제외하고서는 눈을 감고서 기도하는 것을 존중해 드려야 한다. 수술실은 보통 노래를 틀어두는데, 찬송가나 불경을 틀어드리는 것도 센스 중 하나이다.

넷째, 실실형으로, 주로 20대 초반 이하에게서 나타나는 경우이다.

이런 환자 들을 간혹 본 적도 있거니와, 멀리 갈 것도 없이 나 또한 고 3때 치열 수술을 한 적이 있었는데, 간호과를 진학하기로 해서인지 건강하면 최고였던 내가 환자라고 생각하니, 아이러니함에 웃음이 계속 나왔다. 환자복을 입고 수술실 안으로 들어가 누워 있으니 모든 이 신기하고 제발 나도 코피 한번만 흘려봤으면 좋겠다고 생각하던 사람인지라, 코를 풀다가 나온 코도 코피라며 어머머하던 성향인지라 계속 모르게 실실 웃게 되었다. 그래서 그런 환자들을 보면 꼭 나 같아서 그럴 수 있다는 생각이 든다.

다섯 번째, 물음표 살인마형, 긴장을 하면 말이 많아지는 유형으로 수술은 원장님이 직접 하시나요? 지금 몇 시에요? 이거는 원래 빨리 들어가는 건가요? 수술은 몇 시간 걸리나요? 저 혈압은 지금 괜찮나요? 마취된 건가요? 잠은 언제 오나요? 수술 후에 바로 밥 먹어도 되나요? 등등인데, 내가 들어본 질문 중 가장 재밌는 건 양 세면되나요? 거꾸로 부터 셀까요? 였다. 정말이지 드라마에서처럼 10, 9, 8, 7, 수술 끝~ 을 많이 생각 해 보신 건지 너무나 귀여운 질문이었다. 예전에만 해도 하반신 마취 후에 모두가 아는 포폴로 잠을 재웠는데, 포폴은 약이 들어가자마자 바로 잠들기 때문에 숫자를 세다가 쥐도 새도 모르게 잠에 빠져들지만, 호흡을 억제 시키거나, 콩 알러지가 있는 사람에게 맞지 않는 단점들로 사용하는 경우가 줄어가고 있다. 요즘은 그 단점들을 보완해서 나온 약들로 사용하는 추세이다.

포폴보다 수면에 드는 입면 시간이 더 필요하기 때문에 숫자를 굳이 세는 것은 무의미하다. 수술을 시작해도 깊게 못 자는 경우도 허다한 약이기 때문이다. 굳이 세시겠다면 100을 세어도 잠에 안 드실 수도 있으니, 참고해 주시면 될 듯하다. 물론, 성분이 미다졸람이라는 향정이 들어가면, 더 빨리 잠들 수 있지만, 그 또한 포폴 같은 깊은 찰나는 아니다.

여섯 번째, 젠틀형 이 경우를 꼽자면 가장 기억에 남는 분이 또 있다. 환자들이 수술 전에 금식을 하기 때문에 보통 양치를 하지 않는 분들이 대부분이다. 특히나 나에 대해 말하자면, 후각이 누구보다도 예민해서 내가 먹던 밥 냄새도 다 먹고 난 후 계속 나면 불쾌하게 느껴져서 바로 치우는 편이다. 수술 받으시는 분들이 금식 하기 전에 또는 입원하기 전이다 보니 몸보신을 하신다고 고기를 드시는 경우가 많다. 고기가 소화되어 올라오는 냄새는 상당히 강하며 수술하는 내내 진동을 한다. 특히나, 내가 빈속으로 출근한 날에는 더욱 느껴 지는게 깊다. 냄새 다음으로는, 병원의 샤워 시설이 불편하거나 거동이 불편해서 샤워를 안 하시는 분들이 여럿 있다. 그러나 간혹, 샴푸 냄새 폴폴 풍기시며, 구취가 없었고, 향수 향까지 나는 분들도 있다. 그 분은 자기 관리가 철저하신 분이겠지만, 이 청결 관리를 젠틀과 비 매너라고 의미하는 게 아니라 그 분이 젠틀하셨기에 내가 붙인 포인트이다. 정말이지 그런 분들은 길거리에서 신사 분이 지나가는 것을 본 느낌이었다.

어떤 분은 수술 후 회복실에서 깨울 때였다. 일어나시라고 승모근과 쇄골을 문질렀더니 손으로 내 손을 치우시며 쎄게 저항을 하셨다. 의식을 확인하는 정도에 통증에 반응한다가 있지만, 이 분은 특히나 힘이 쎄셨다. 늘 흔히 있는 일이라서 아랑곳하지 않고 깨웠는데, 깨시면서 표정이 바로 바뀌더니 친절하고 온화한 아빠 표정으로 어오, 네~ 라고 웃으셨다. 살인 미소여서 너무나 귀여운 아버님으로 표정을 지어 주셔서 나까지 웃게 됐다.

수술 전 후 무의식에서 보이는 모습이 이렇게나 다양한데, 이걸 본래의 성격이라 해야할 지 보이고 싶은 건지, 아니면 만들어진 성격인지 사람의 심리와 성격에 대해 궁금해 하다가 그렇게 또 하루가 흘러갔다.

이렇게, 사람들을 대할 때 나한테 왜 이러지, 오늘 따라 힘드네 라고 감정적인 소모를 필요 이상으로 하기 보다는, 저 사람은 어떤 유형인가 파악을 하고 부정적인 기분을 긍정적인 태도와 기분으로 만들어는 데에 초점을 맞추다보면, 힘들기도 하면서 내 방식이 성공적일 때면 쾌감을 느낄 수 있다. 그렇게 사람들 대하는 게 어렵지 않고 할 수 있어, 해 보자, 이 분마저 내가 풀어내면 난 못 풀 환자가 없다. 라는 마인드가 생긴다. 논리적 접근으로 일의 스트레스를 줄이는 것도 있지만, 반응들이 다양하다는 것 정도만 알고 있어도 자연스레 일을 하면서 데이터가 나의 행동 양식에 쌓일 것이다. 그게 바로 경력이니 말이다.

신규라고 슬퍼할 필요도 없고, 뚝딱이 성격이라 해서 걱정할 것도 없는 것이 이건 일이기 때문에 일적인 대응 프로토콜은 생기기 마련이다. 그리고, 내가 본 어떤 신규는 성격이 상대방의 기분을 잘 풀어주는 성격이라서 외래 환자를 응대하기를 무척 잘하였다. 배울 점이 많다는 생각이 들었고, 뚝딱이에 남 기분 좋은 말을 못하는 나도 말 한마디라도 더 할 수 있는 짬이 생겨났다.

유형들을 터득하고, 카테고리로 나누고 난 뒤로, 내가 가장 잘했다며 손에 꼽은 경우가 있다. 잠시 수술실을 벗어나서 시술실에서 일할 때 인데, 수술과 진료 중간 사이 틈새 시간에 시술이 이뤄지는 곳이었다. 그래서 당일 접수 한 환자들을 최대한 짧은 시간에 효율적으로 시술을 받을 수 있도록 정렬하는 게 나의 업무였다. 당일 입원과 당일 퇴원을 하기 때문에 제주도에서 당일치기로 오시거나 지방에서 첫 타고 오시면서 이미 돌아갈 차편까지 예매 하고 오신 분들도 있고, 비행기 시간을 맞춰서 가야 하는 제주도 분들 처럼 시간에 예민한 분들이 많았다. 게다가, 시술 비용이 고가이기 때문에 그에 따른 서비스 요구도도 상당했다. 그런데, 시술 가능한 시간은 정해져 있고, 외래 환자가 많거나 수술 시간이 예상 시간 보다 길어지면 예약해 둔 시간이 무의미 했다. 환자의 상황이나 조건이 어떠하든 대기 시간은 기한

없이 길어졌다.

그중에 거동이 불편하신 분 들이나 치매가 있으신 분들, 또는 코로나 이전에는 보호자 분들도 같이 회복실에서 대기하도록 했을 때, 환자 분께 동의서 내용을 설명하던 중, 보호자 분께서 예약을 하고 왔는데, 왜 이렇게 오래 걸리냐며 점심도 못 먹고 한참을 기다렸다면서 불만을 토로하셨다. 오전과 오후 진료 사이에 시술을 하기 때문에 외래 환자들을 보시느라 늦어진다고 설명드렸다.

환자의 대기 시간에 따른 불만을 고스란히 내가 받고 있는 입장에서 내 생각은 솔직히 이건 내 잘못이 아닌데 왜 엄한 이야기를 들어야 하나 싶은 생각도 들었다. 환자야 몰라서 내가 병원 직원이니 말하겠지만, 근본적으로는 환자를 한 명이라도 더 받고, 시술을 한 명이라도 더 하려는 병원의 시스템 탓이다. 병원에도 누누이 방식을 바꾸면 안 되겠냐고 말했지만 수익 구조와 회전율 때문에 도저히 바꿀 수가 없는 부분이었다. 그저, 내가 총알받이가 되면 해결되는 문제였다. 그래도 받을 사람은 받는다거나 예약을 해야 이 병원이 문전성시구나 생각하게 된다는 게 병원 생각일 것이다. 그러나, 받을 사람은 받는다면 외래는 왜 한 명이라도 더 잡아두려 하고, 환자도 당일 시술이 가능하다고 하는 지 앞뒤가 안 맞긴 하다.

대기 시간에 대한 불편 사항 접수를 늘 들어왔고, 이게 환자의 괜한 불만이 아니 거니와 나의 문제도 아니고, 시스템 문제인 것을 알아보니 나는 보호자 분께 저도 병원에 말해 보았는데 바뀌지가 않네요. 정말 저희도 환자 분들 기다리게 하는 것도 죄송해서 계속 말해도 병원이 어디 직원 말을 듣나요~ 고객님께서 접수를 해주셔야 이게 문제이구나 눈이라도 깜빡할 거예요. 제가 고객의 소리 종이를 가져다 드릴 테니 그대로 적어 주실 수 있으시겠어요? 라고 했더니, 아이고 고생이 많으세요. 이거 아픈 환자들 데려다 놓고 정말 너무 하네~ 라면서 종이를 달라고 하셔서 얼른 복도에 고객함에 달려가 종이를 챙기고 펜을 꺼내드리며, 앉으셔서 천천히 적으시라고 안내를 하였다.

나도 좋고, 고객님도 좋고 병원도 마냥 얼굴 찌푸릴 일 만은 아니니, 참 좋은 방법이라는 생각도 들었고, 솔직히 내가 받은 스트레스는 병원 탓이니 병원이 그 몫을 받아라! 옛다! 라는 통쾌한 심정도 있었다.

B to C 라고 해서 같은 처지를 가진 회사끼리가 아닌 입장을 이해해 줄 리가 없는 회사와 고객 간의 관계가 이루어지는 곳에서는 손님이 왕이다 라는 표현처럼 결코 무시할 수 없는 게 회사가 고객을 대하는 입장이다. 직원들은 월급 주며 일을 시키는 거니 응당하다고 생각하기에 좀처럼 회사에서 먼저 문제 인식을 하고 바꾸고 싶어서 방안들 마련하라고 하는 게 아닌 한 가장 효과적인 게 고객의 소리이다. 우리도 살아가려면 이걸 알고 활용할 줄 알아야 한다.

-이직이 고민일 때

이직에 대한 글은 정말 솔직히 내가 프로가 아닐까싶다. 헤드 헌터는 아니지만, 그보다 더 현장을 잘 알고 있고, 실제로 수많은 이직을 했다. 심지어, 간호사뿐만이 아니라 다른 직업을 탐하며 직접 몸담아 일 해보기도 했다.

학생 때 편의점이나 카페에서 일해 본 것이 아닌 정말 본업으로 삼기 위하여 진심으로 일을 대하였고, 단순히 월급 받는 것을 넘어서 그것을 시작으로 하여 큰돈을 벌 생각을 하며 포부를 가지고 시작한 일들이었다.

이해를 돕기 위해 내가 어떠한 일들을 했는지 말하자면, 알바 경험은 대학생 때 일주일 정도 된다. 한 번은 부모님께서 언니에게만 잘 해준다는 생각을 해서 반항심에 밖에서 알바한다는 핑계로 집에 늦도록 들어가질 않았다. 집은 경기도 인데, 알바하는 곳은 서울이라서 지금은 한 시간이지만 그 당시에는 대중교통으로 두 시간 거리였다. 월드컵 시즌이라서, 레드 악마 뿔이 달린 머리띠를 밤새 파는 거였는데, 내 또래 친구들이 여럿 모여 앵벌이 마냥 강남역이나 논현역 등 유동 인구가 많은 곳에 짐과 함께 내려주면, 호객 행위를 해서 파는 거였다. 시간당 얼마가 아니라, 판매액의 몇 프로를 가져가는 거였는데, 돈 되는 일은 아니었다. 아직도 기억나는 게 밤 11시가 되어도 집에 들어가지 않자 아빠에게 전화가 왔었다. 너 안 들어와!!!! 라며 소리를 질렀는데, 난 집을 서울로 이사하던가!!!!! 라며 전화를 끊고 신나게 노래방에서 뒷풀이를 즐겼다.

두 번째 아르바이트는 화이트 데이 초콜릿을 만들려는데, 때 마침 베이킹 쇼핑몰의 공장이 동네에 있다고 해서 몇일 알바를 하게 되었다. 돈 없는 대학생이 재료를 보다 저렴하게 살 수 있다는 것과 내가 생각보다 단순 노동을 손 빠르게 요령을 터득하여 해낸다는 것 정도 알 수 있었다.

나와 같은 이유로 알바를 했을 사람도 있겠고, 학자금이나 생계를 위해서 했을 사람도 있을 것이다. 어떤 한 이유이던 간에 알바와 일의 차이는 확실히 있다고 생각한다. 생계를 위한 알바라면 관둘 수는 없겠지만 적어도, 이 길이 자기의 종착지라고 생각하는 확률은 적지 않을까싶다. 요즘에서야 MZ들이 알바만 하면서 살아간다지만, 그런 애매한 경우는 상식적으로 빼놓고 글을 읽어가길 바란다.

나는 바리스타로 일하면서 정말로 내가 좋아하는 일을 업으로 삼는다는 것이 대견하고, 행복했다. 햇빛이 들지 않는 수술실에 갇혀서 수직적인 구조로 얼어붙은 채 일하다가 볕 잘 드는 카페에서 선배들이 꼬박 챙겨 주는 커피를 마실 수 있고, 내가 잘 하는 맛 품평을 하는 게 일이라니 참으로 황홀했다. 또한, 누가 어딜 다녀왔더라, 선배들이 해외에 갔다가 그 나라의 유명한 원두를 사왔으니 맛을 보자던가 하는 것도 행복했고, 음식들 대하는 사람들이라 그런지 마음도 모두가 따뜻하고 말투에도 날이 서지 않는 느낌이었다. 처음에는 커피를 만지지 못하게 되어 있어 사과를 썬 다거나 코코아를 만들거나 설거지를 했다. 그래도 좋았다.

그렇지만, 현실적으로 무척 힘들었던 점은 모두가 쉬는 빨간 날에는 무조건 일해야 하는 것이다. 간호사도 그러했지만, 병원이라는 업무 적인 성향이 강했다면 모두가 쉬러 오는 카페에서 여유로운 시간을 즐기러 와서 수다를 떨며 행복 해 하는 사람들과 달리, 여름날 더운 열기 속에서 머신의 뜨거운 열기와 설거지 기계의 열기가 더 해지며 앞치마에 들어 온 더운 공기가 빠지질 않으니 참으로 고생 중 고생인 느낌이었다.

점입가경으로, 내가 칼을 들고 과일들을 계속 자르고 있는 중에도 와이 파이가 뭐냐며 물어오는 것들이 이전의 일과는 성격이 무척 달라서 혼란스러웠다. 하던 일은 내가 눈앞에 환자를 간호하고 있으면, 다른 환자는 나의 몫이 아니었다. 이 말은 즉슨, 내 눈앞에 환자가 1순이 라는 말이다. 수술실 특성 상 수술 방을 분담해서 들어가기에 일이 더욱 그런 특성을 가지고 있기도 하다. 병원에서의 우선순위는 응급 수준에 따라 나뉘어지지만, 카페에서는 나란 사람과 오직 손님들과의 얽히고섥히며 오가는 관계 구조 뿐이었다.

내가 일할 때의 마인드 세팅에 있어서 혼란을 헤매다 보면, 어느덧 마감 시간이 되어 넓은 매장을 혼자서 쓸고 닦고 있다. 내가 지금 뭘 하는 것인가 이 길이 내가 원하던 길이었나, 청소기가 아니라, 빗자루로 쓸고 대걸레로 닦는 게 이것이 내가 해야 할 일인가 싶었다. 청소를 비하하는 것이 아니라 바리스타라는 명목 하에 카페 공간의 모든 일을 해야 하는 게 적응이 되지 않았다. 병원에서도 바닥 청소는 미화 여사님께서 해 주신다. 대학생이나 회사를 다니며, 청소 업무는 전문으로 해주시는 분이 있었는데, 커피를 하며 컵을 청소하거나 테이블을 닦는 것 외에 청소들은 참으로 의아했다. 그리고 청소기도 없이 빗자루로 100평 가까이 되는 매장을 쓸라고 하는 것은 비효율적이며 사람을 무엇으로 보는가 싶은 생각이 가득 들도록 했다.

선후배가 존재했는데, 나보다 두 살 많은 선배는 내가 간호사라는 이유로 싫어했다. 자기 본업을 두고 커피가 멋있어 보이니 깔짝거린 다는 선입견이 있었고, 계속 배워야 할 일도 제대로 알려주지 않는 텃세를 부렸다. 여초 사회에서 일하다 보니 그런 눈치는 제법 빨랐고, 그걸 캐치했기 때문에 아부를 떨고 일도 열심히 했더니, 그제서야 자신의 직속 후배에게 애림 씨 좀 이제 제대로 알려줘요~ 라고 했다. 혹시나 해서 작업이 들어갔던 부분이 들어 맞았던 것이다. 그것도 내 앞에서 그렇게 말하는 게 참으로 놀라웠다.

간호사에 대해 책을 쓰며, 다른 직업 이야기를 하는 이유는 사람들이 흔히 카페나 해 볼까라는 말들을 많이 하기 때문이다. 각자의 인생이지만, 경험자로서 그런 말을 하는 분들께 조바심이 무척 크다. 카페나 라는 것은 절대 없었다. 개인 카페를 차린다면, 상사가 있다거나 일을 시키는 사람이 없어서 좋다고 생각할 수도 있다. 그만큼 미리미리 알아서 일해야 했고, 주방 일이란 하나를 내어주면 다음 걸 바로 준비해야만 하는 곳이었다. 그 뒤는 설거지나 뒷처리를 해야 하고, 그조차도 다 하지 못했는데 손님이 밀고 들어올 때도 있다.

이곳뿐만이 아니라, 간호사를 하고 있는 와중에 프렌차이즈 카페를 만들고 싶다며 같이 일을 해보자고 제안해 주신 분이 있다. 병원을 퇴근한 후에 카페로 가서 청소까지 하고 오후 11시에 퇴근을 하면서 느낀 것이 그냥 힘들다였다. 그저 좋기만 했던 커피가 업으로 삼으려니 시작은 좋았으나 피로를 끌어올려 줄 때는 커피는 그저 마시기로 하고 멀리서 바라보아야만 좋다는 것을 깨우쳤다. 그 피로를 이기면서 까지 해내야겠다는 생각이 들 지를 않았다. 때마침 주식이 잘 됐던 시기여서 더욱이 생각이 하지 말자에 치우쳤다.

나는 나이 30살이 넘도록 열광했던 것이 없었으니, 내 인생 처음으로 열정 꽃을 피워주었던 커피를 해본 것이지, 주식이 잘됨으로 인해 난 결국 큰돈을 만지고 싶을 뿐이지. 수단은 어떠한 것이든 중요하지 않다는 것을 깨달았다.

아르바이트가 아닌 바리스타로 취직해서 월급을 받았지만, 내가 간호사를 관두기 직전에 받고 나온 간호사 월급이 반 정도인 월급이 참으로 현실을 직시하게 만들었다. 퇴직금이나 모아둔 돈으로 마이너스를 면하면서 목구멍이 포도청인 현실을 맞닥뜨렸다. 아버지께서 카페를 차려 주겠거니 하고 관두었는데, 그 마저도 여의치 않게 되며 다시 간호사로 돌아왔다. 이걸 들으면 내가 집에 돈이 많아서 이것저것 해 보았나 싶겠지만, 아버지께서 중소기업을 운영했던 것은 사실이다. 그러나, 지금 요양 병원에 계시며, 내 월급 중 일부를 입원비로 내는 것 또한 사실이다. 내가 커피를 하면서 5개월에 접어 든 무렵, 아버지는 파킨슨을 진단 받으셨고, 난 뭔가 내가 가장이 된 것만 같은 느낌에 더 벌 수 있는 간호사를 버리고 꿈을 쫓겠다며 보탬이 될 수 없는 벌이를 할 수가 없었다. 이 모든 것이 아버지의 진단뿐만은 아니다. 여러 이유 중 하나이고, 난 그저 내가 몸으로 뛰어보면서 난 그 쪽의 깜냥이 안 된다는 것을 알아차린 무렵에 딱 자르기 좋은 이유가 생겼을 뿐이다.

내가 당장 현장에 투입되었을 때, 가장 많은 돈을 벌 수 있는 일이 간호사이고, 지금도 역시나 그러하다. 또한 해 오던 일이다 보니 새로운 것을 배워야 한다는 부담이나 추가적인 에너지를 필요로 하지도 않았다. 그래서 그렇게 현실을 깨닫고, 나를 알고서 돌아온 간호사란 직업에서 나의 소소한 연봉 전쟁이 시작되었다.

1년 만에 다시 취직을 하려 하니 병원들은 경력 단절이라는 핑계로 내가 원하는 연봉을 주려고 하지 않았다. 난 4,000만 원을 원했으나, 병원에서는 3300, 3400을 줄 수 있다 하였고, 그중에서 3600 준다는 곳에 취직을 하였다. 4-5년차 연봉이었고 지금으로부터 약 오년 전의 일이다.

일 년 만에 복귀한 첫 출근 날 부터, 연장 근무를 하게 됐는데, 보통의 병원들은 아무리 일손이 부족하더라도 첫 출근부터 연장 근무를 시키지는 않는다. 이 곳도 마찬가지였지만, 황상을 보아하니 도저히 할 수 있는 일을 모른 척 하고 퇴근할 수가 없었기에 자연스레 더 하겠다고 한 것이다. 일 년 만에 복귀한 현장은 전혀 위화감 없이 손이 알아서 기억을 하고 있었다. 또한 배운 내용들을 파일을 문서화하고 선배에게 질문도 많이 하다 보니 병원에서는 나에게 호의적이었고, 출근 일주일 만에 곳간 열쇠를 건네 주겠다면서 마약 금고의 열쇠와

비밀번호를 인계받았다.

호랑이 선생님으로 정평이 나있던 선생님과는 죽마고우가 되었고, 누가 먼저 퇴근을 하던 기다렸다가 주변의 맛집을 다니다 보니 어느새 병원의 일원으로 융화가 되고 있었다. 간호사를 쉬다가 다시 돈을 벌게 되니, 맛난 것도 하나 더 사먹게 되고, 와인으로 뱅쇼도 만들어 먹거나 장을 봐 와서 일상의 여유를 즐겼다.

이 곳은 한 가지 단점이 있었는데, 내가 일한 곳 중 병원 규모가 가장 작았다. 수술방이 네 개가 전부였고, 방 개수는 적은데 비하여 의사들은 비율적으로 많아서 수술을 서로 하려다보니, 하루에 한명의 간호사가 수술 네 개를 뛰어야 할 정도로 무리한 일정이 연속이었고, 큰 수술들을 퇴근 직전에 추가시킨다던가, 테이블 데스라고 하여 모든 병원에서 수술을 거부한 환자들을 받아 주는 수술도 일상이었다. 마취 중에 칼륨과 칼슘을 수액에 믹스하고, 동맥 라인을 확보하며 모니터링 하는 것도 이 곳에서 익숙해 진 일이다. 이 정도 수준의 일이면 대학 병원 정도는 되지 않을까 싶었고, 로칼 병원에서 내가 연봉도 적게 받으면서 굳이 왜 이토록 중등도 높은 일을 하고 있어야 하는 지 회의감이 찾아왔다.

여기서 눈치 챘겠지만, 난 인류애 정도는 장착을 했고, 내가 간호해야 하는 환자 분들께 적정한 정도의 친절을 보이는 직업을 가진 사람일 뿐이지, 결코 선민의식과 봉사 정신이 투철한 사람은 아니다. 내가 있어야 나의 주변도 있다고 생각하는 편이고, 내가 존재하기 위하여 생계형으로 일을 한다는 마인드에 더욱 가까운 사람이다.

그래서 그 곳에서 계속 일하다가는 죽어나갈 것 같아서 연봉을 더 주는 곳을 알아보았다. 또한, 그곳에서는 간호사 국가고시 시험에 해마다 떨어지는 조무사 선생님이 있었는데, 조무사로 수술실에서 일하다가 간호대학을 간 케이스로 스크럽 일을 했다. 그 사람의 가장 큰 문제는 여기저기 벌집처럼 쑤시면서 사람들을 괴롭히는 것이었다. 업무는 할 줄 알지만 직업이 다른 사람이 선배랍시고 신규나 신입들을 괴롭히는 게 꼴불견이었다. 그런 사람을 아무도 문제 삼지 않고 의기양양 할 수 있게 만드는 그 회사의 분위기가 참으로 별로였다. 내가 어울리고 배우고 따라가야 할 조직이 이렇다니. 막장인 것만 같았다.

그렇게 이직을 해서 다녔던 곳들에서 나는 좋은 사람들을 많이 만났다. 내 이직이 옳았다는 확신을 주는 분들을 무척 많이 만났다. 나 정도 연차이면 차지를 보아야 한다며 피하지 말라면서 키워 주시려는 분도 있었고, 사람들도 지금껏 봐 오던 드센 사람 하나 없이 삼삼오오 모여서 으쌰으쌰 일하는 분들도 만났다. 내 시간이 많은 편이었는데, 때마침 또래들이 많아서 함께 빠지를 간다던가 퇴근 후에 술을 마신 다던가 그동안 발전 해야만 한다는 생각에 즐기지 못했던 시간들을 만끽하게 되었다.

간호사의 장점은 어쨌거나 전문직이라는 것과 경력 인정이 잘 된다는 것이다. 내가 가진 장점을 이용할 줄 알아야 한다. 대학병원에서 거부 할 정도의 중등도 높은 환자들이 난무한데도 페이가 적었던 곳을 버리고, 정형외과를 메인으로 하는 병원에서 일해 보니, 수술 건수는 많지만 중등도가 낮아서 일적으로 스트레스가 줄었다. 그래서 연장 근무 수당을 달게 챙길 수 있었고, 페이가 꽤나 짭짤하다 보니 더할 나위 없이 좋았다. 여름이 되고, 일이 익숙해지면서 헬스장에서 운동을 하는 여유도 생겼고, 수영을 배울 수 있는 시간적, 금전 적 여유도 간호사란 직업에 없을 것만 같았는데, 내 것이 될 수 있었다.

이렇게 삶의 여유를 알게 해 준 곳을 관두었던 이유는 더 이상 배울 것이 없다는 판단도 있었고, 간호사로 복직하려고 공고를 알아보던 때에 가고 싶었던 곳에 자리가 없어서 지켜보던 중 공고를 봤기 때문이다. PS를 준다하니, 저곳은 직원들의 노고를 챙겨 주는 구나, 날 알아주는 곳에 가서 일하고 싶단 생각을 많이 해왔다. 그런 곳이면 어떠하든 달게 일할 수 있을 거라 생각했다. 난 늘 인센티브를 주는 곳이면 정말 더 열심히 이 몸 바쳐 일할 텐데 라는 말을 수시로 했던 것도 있다. 그토록 바라던 그곳이 나의 다섯 번 째 병원이 되었다.

면접을 보고 와서 바로 관두겠다 했더니, 내 연봉을 더 올려 준다고 했다. 그래서 이직 할 곳에 여기서 연봉을 더 준다고 해서요 라며 얼버무렸더니, 우리가 더 줄게! 얼마 준다던데? 우리는 그것보다 더 줄게! 라면서 혹하는 연봉을 제시해 주었다. 있던 곳에서는 더는 나를 잡을 수 없었고, 난 또 그렇게 연봉을 쫓아 이직하였다.

연봉 따라 움직이는 내게 많은 선배나 지인들이 고작 그 몇 백에 회사를 바꾸냐 면서 그냥 있던 곳에 있으라면서 비관적인 시선으로 말해 주는 분들이 많았다. 게다가, 애림이 요즘 어디에 있냐면서 또 옮겼냐며 혀를 내두르던 지인들도 많았다. 그런 말을 들을 때면, 내가 이상한 사람인가 라는 반문을 많이 하게 되었다. 돈이 중요한 자본주의 사회에서 자본을 더 준다는 것은 내가 그만큼 사회에서 가치가 높아진다고 생각한다. 게다가, 난 집이 없는데, 값비싼 서울에 기숙사까지 준다 하니 안 갈 이유가 없었다. 물론, 한군데 회사에 쭉 다니면서 10년을 찍고, 금송아지를 받는 동기가 대단하고 부럽게도 생각됐다. 그러나, 난 그곳이 무척 벗어나고 싶은 곳이었고 10년은 못 채웠을 거라 장담한다. 대학병원을 다니면서 사학 연금을 받을 수 있을 정도로 다니지 않는 한 나에게는 로칼이 맞다고 생각한다. 로칼 병원에 따라서는 올드들이 많아야 안정적이라면서 연봉 상승을 더 해주는 곳도 있다. 그러나 나 같은 경우는 계속 새로운 것과 더 나은 것을 찾는 철새가 성격이라서 옮기며 올리는 게 맞다.

이직을 하고 연차를 쌓아오면서 느낀 것은 어디나 사람이 부족한 것이 디폴트이고, 연봉을 충분히 남들 보다 더 올릴 수 있다는 것이었다. 연봉 조절을 할 때 올려주지 못한다는 말은 병원의 방침 이라거나 돈이 없는 게 아니라, 그만큼 인력을 중요시 하지 않는 것뿐이다. 사람은 그저 더 채워지면 그만이고, 결원이 생겼을 때 고생하는 것도 현장을 뛰는 당사자들이지 관리직이 아니기 때문이다. 그저 구해지지 않는 다라는 말로 시종일관 우는 척 시늉만 하는 곳을 많이 보았다.

보통 한 해가 지날 때마다 연봉을 올려주는 게 간호계의 관례이다. 동결이라는 것은 있을 수가 없는, 아니 내가 납득할 수 없고, 버려야 하는 직장인 곳으로 간주한다. 어쩜 그리 정 없이 회사를 떠나느냐 싶겠지만, 애초에 난 회사에게 정을 받은 적이 없다. 나보다 큰 집단인 회사도 나를 못 안아주는데, 작은 내가 어찌 거대한 회사를 품을 수 있겠는가.

또라이라 생각해도 어쩔 수 없다. 왜냐하면 그런 마인드로 살아오고 이직을 해오면서 난 지금 무척 만족스러운 결과를 받고 있기 때문이다.

내가 병원 생활을 하며 이렇게 확고해진 일들을 말해 주자면, 일하면서 1년이 지났을 무렵에 연봉을 더 올려 주어야 하는데, 병원에서 하는 말이 내가 이미 많이 받고 왔기 때문에 더 이상 연봉을 못 올려 준다는 것이었다. 그래서 나는 총무팀에 따졌다. 내가 그 만큼 인정을 받고 시작한 거지, 먼저 땡겨 받고 후년은 연봉 동결이라고 들은 적이 없다. 그렇게 시작한 것이 아니다. 이렇게 사전에 동의도 없이 연봉을 줄 거였으면, 지금까지 일한 내 시간에 대한 보상은 전혀 없는 것인지, 내가 처음에 인정받은 연봉 그대로 가야 하는 것이 회사에서 직원을 대하는 방식인지 물었다.

요즘에서야, 간호부장이 연봉은 총무팀이 관리 한다면서 모르쇠를 시전 하지만, 그때는 총무팀에서는 간호부장님과 확인해 보라며 넘기는 때였다. 그래서 간호 부장님께 같은 말을 하며 관두겠다 하였더니, 총무팀 직원 분이 이렇게 연봉 주는 것은 이례적인 일이라면서 아무에게도 말하지 말라고 하며 올려 주었다. 난 회사 말을 믿지 않는 편이어서 나뿐이라는 둥 더 챙겨 줬다는 둥의 정확히 알 수 없는 말들을 흘려들었고, 더욱 확신을 갖고 믿게 된 것은 연봉 테이블이란 것은 참고일 뿐이라는 것과 붙박이장이 아니라는 것이다. 내 실력이나 일로써 회사에게 인정시켜주면 튕겨볼 수 있다는 것까지 알게 되었다.

이제 11년차가 된 시점에서, 내 연봉은 결코 작지도 않고, 대학 병원의 같은 연차에 비하면 물론 적겠지만, 얼마 전 건너들은 빅5 제외 대학 병원의 연봉과는 차이가 없다는 것을 알게 되었다. 다룰 수 있는 환자 중증도나 명예보다는 나를 써먹을 만하고 데리고 있고 싶다는 일꾼으로 인정해줘서 내가 떵떵 거리며 일할 수 있는 회사가 좋다. 그리고 대학 병원에서 모든 일을 척척 할 만큼 똑똑한 성적도 아니거니와 그렇게 나의 에너지를 회사에 다 쏟을 생각도 없으며, 내 학별로 대학병 원에서 수간호사가 되길 바라는 것은 말도 안 되는 억지라는 것도 잘 알고있다. 지금껏 해 온 선택들이 나에게 최선이라는 것을 누구보다도 알고 있기에 만족감이 높다.

이제는 몸값을 덜 쳐주려고 하는 연차가 되었다. 이 말인 즉슨 내 위가 좁아진다는 뜻이다. 수많은 간호사들 중에서 수 간호사의 자리는 무리의 하나이다 보니, 결코 쉽지 않은 경쟁이다. 말도 곧이 곧 대로 잘 듣고, 몸도 빠릿빠릿한 저 연차는 모든 병원에서 선호 한다. 그러니, 한 부서에서 3년 이상의 경력을 가졌다면, 연봉을 높여가며 더 인정 해 주는 곳으로 이직해 보는 것도 좋은 경험이 될 거라 생각한다.

자신이 현재 있는 부서의 일이 만족스럽다면 한곳에 머물러서 나쁠 이유는 없다. 그러나, 도태 되거나 정체 되어 있는 느낌과 함께 연봉 마저도 만족스럽지 못하다면 이직을 해야 할 시기이다. 무조건, 연봉은 더 높여서 가야 하고, 내가 해 보고 싶은 다른 과가 있다 한들, 그 부서의 페이가 적다면, 한번 쯤 더 생각해 보길 바란다. 내가 커피 일을 할 때 현실에서 와르르 무너져 버린 것처럼, 절대 결코 무시할 수 없는 부분이다.

내가 부르는 게 값이라는 것을 실감할 수 있을 때 움직여 보길 바라며, 확실히 여러 과를 옮겨 다닌 다니는 것은, 그 곳이 대학 병원이 아니 고서야 연봉이나 경력을 다른 곳에서 전부 인정받기는 어렵다. 그저 시간을 버리는 격이다.

베스트는 내가 해보고 싶은 부서로 옮긴 다거나 특수 파트 수당을 주는 곳에 간다던가, 상근직을 할 수 있는 장점을 살릴 수 있는 곳으로 이직 하는 것이다. 그저 해보고 싶었다는 생각 하나만 보고 현실을 떠나 하루 8시간, 내 인생을 보내러 가지는 않았으면 한다.

같은 부서로 병원만 바꾸면서 해마다 연봉 상승을 해보길 추천한다. 이 사람은 여기저기 다녔네 라면서 싫어할 수 있을 거라 생각하겠지만, 내가 지금껏 다닌 병원들은 수술과 연장 근무가 심하게 많아서 근속 연수가 짧고, 이탈자가 많기로 소문난 곳들이라서 거기서 3년? 저기서 1년이나 채웠어? 라는 반응을 보여준다. 이 정도 경력이면, 더 물을 것도 없이 일을 곧 잘 할 테고, 근성도 있다는 평을 받을 수 있다.

연차가 쌓이면 재미있는 것은 수 선생님과 수직적이기만 한 분위기를 벗어나 같이 늙어 가는 처지로 바뀐다. 동지애가 생기면서 들어오는 이력서에 대해서 뽑을지 말지 고민을 같이 하기도 한다. 늘 거르는 조건은 경력은 10년 차인데 한군데에서 1년 조차의 경력도 없는 사람들이다. 어딜가든 금방 관두겠다고 평가되는 것이다. 또한, 이 정도 병원급들은 이름만 들어도 한 다리 건너서 알게 된다. 친구 들이나 같이 일하던 동료와 선후배들, 심지어 기구업체 분들을 통해서 까지 그 병원을 알고 사람을 알 수 있기 때문에 평가가 더 쉬워진다.

이직에 대한 릴스를 SNS에 올린 적이 있는데, 상담이 걸려온 내용 중 하나가, 한 직장에 7년 정도 다녔는데, 내 글을 보고 무작정 옮겨야 하나라는 물음이었다. 사람 성향에 따라 이직을 하지 않고 한 길만 파는 분도 있고, 난 그런 분들을 항상 존경한다. 나는 일정 시간이 지나면 떠나려고만 하는 병이 있기 때문이다. 나는 내 성향을 파악했기 때문에, 잘 질려하고 돈 좋아하는 사람이 할 수 있는 선택을 해 온 것이고, 나에게 맞도록 좋은 방법이라 생각하며, 세팅해 온 것이니 저 사람이 옮기라는데 라고 해서 별 생각 없이 이직해야한데 하며 행하는 사람은 없길 바란다, 적응을 못하는 성격이면 바로 관두게 되고 내 경력에 낭패가 될 수 있다.

이직을 할 때 알아두어야 할 것이, 지긋지긋 한 곳에서 벗어나는 것 하나가 전부라고 생각하면 안 되는 것이다. 직장 내 괴롭힘이나 업무적으로 과도한 스트레스를 받아서 관두면 전부일 수 있다. 하지만, 내 회사 생활의 모든 것을 해결해 주거나 나를 지켜주지만은 못한다. 전 직장보다 편안함은 물론 없거니 와 자신의 편한 포지션을 벗어나기 때문에 입지를 다시 굳혀야 하며, 이방인을 대하는 곳에서 그 시선을 거두는 것은 오로지 나의 몫이다. 함께 일해야 하는 의사는 물론 이거니 와 갓 졸업해서 그곳에서만 경력을 쌓아온 1-2년차에게 텃세를 당할 수도 있다. 또한, 새로운 것을 잘 받아들이지 못하고 자신이 해오던 것만 고집하는 성격이라면 더욱 적응하기 힘들 것이다.

내가 이 병원 저 병원 다니며 가장 안쓰러웠던 사람은, 신규인데 한 곳에만 있어서 기고만장해서 모두에게 못되게 굴거나, 자신이 아는 것이 다라고 생각하고, 경력자들에게 다른 게 아니라 틀린 거라고 비난하는 것이다. 그렇게 회사에서 적응을 돕는 것이 아니라, 마녀사냥을 하는 사람들이 있다. 그런 우물 안의 개구리 같은 편협함이 얼마나 안쓰러운지 모르겠다. 나를 괴롭혔던 피부과에 있었던 사람이 결국에 하는 말이 자기를 무시하냐는 말이었다. 난 그런 적이 없는데, 그저 내가 해온 일과 달라서 다시 묻는 것을 무시한다고 받아들인 것이다.

왜 모두가 나에게 이토록 적대적일까 할 수도 있을 거다. 게다가, 다른 누가 나서서 이 상황을 고쳐줄 수도 없는 노릇이다. 있던 사람들은 그들만의 영역에서 문화가 있을 것이고, 상사는 들어온 사람에게 편안한 분위기를 만들어 주고 싶지만, 있는 사람 또한 내칠 생각이 없다. 부서원들이 똑똑하게 일적으로만 사람을 평가하거나, 안아 주려 하고 가르치며 함께 나아가려 한다면 모르겠지만, 모든 조직이 이상적으로 흘러가지는 않는다.

내가 11년 동안 이 병원 저 병원을 거치면서, 참으로 똑똑하고 유능한 간호사를 많이 보기도 했는데, 그 사람들을 수간호사로 영입하여 써먹다가 팽 하는 경우를 많이 보기도 했다. 그 이유는 조직에서는 똑똑한 사람보다는 말 잘 들을 사람을 필요로 하고, 조직의 흐름에 융화되어야 한다면서 바뀌려고 뽑은 사람에게 있던 그대로를 요구하면서도 이끌어 갈 인재를 뽑는다며 겉 포장지를 씌워서 유혹한다. 그래서 이에 따라 무능한데 올라가 있는 수 선생님의 비율이 압도적이라고 느끼고 있는 사람 중 하나이다.

비난할 수만은 없다, 모든 것이 각자 또는 서로의 이익을 위한 선택이기 때문이다. 우리는 사회를 바꾸려 하지 말고, 그런 사회를 잘 피하도록 눈을 길러야 한다. 그리고 이직할 때의 수준은 지식의 폭과 깊이가 높아서 여러 변수들에 곧 잘 적응이 가능하며, 연봉을 더 준다면 기껏 희생할 마음도 있고, 아는 것 없이 기고만장한 사람을 한 귀로 흘릴 수 있을 강단이 필요로 요해진다.

겁을 주는 것이 아니라, 몇몇 가지의 단점들을 감수 하고도, 결국에 내가 원하는 바를 분명히 생각해 보았으면 해서 하는 말이다. 내가 절대적으로 잘하는 것은 아니지만, 몇몇의 대단하다라던가 멋있다라고 하는 분들에게는 나의 마인드 셋이나 이 책의 내용들이 무척 도움이 될 거라 생각한다.

Part 6. 적응

-이런 사람, 수술실 잘 맞겠다!

내가 SNS에 이와 같은 제목으로 동영상을 올렸더니, 달린 댓글 중 하나가 저는 이러한 성향인데 쓰신 것과 달리 이 부서 맞던데요? 였다. 어쩌라고 라며 나의 어처구니없는 심정을 나타내고 싶었지만, 내 성격을 내려두고 어찌 답을 해주어야 할지를 고민했다.

좋은 이미지로 보이고 싶다기 보다는, 생각보다 나의 말 하나에 사람들이 중요한 결정을 하거나 영향을 받는다는 것을 보고, 듣고, 확인되기 때문이다. 팔로워 수는 적지만, 동영상 조회 수가 높다 보니 많은 분들이 나의 말에 어떻게 하면 더 좋은 표현이 될 거 같다거나 말이 쎄다거나의 댓을 달아준 적이 있다.

그 분의 말은 굳이 좋은 의미로 해석해 보자면, 누구에게나 어떤 게 맞다 거나 저게 맞다 라고 단정짓는 게 아니라, 그 어느 것이든 직접 경험해 봐야 알 수 있는 것이고, 또 안 맞는 것 같아도 자신에게 주어진 일이라면, 어떻게든 척척 잘 해내는 사람도 있다. 라는 함축적인 내용이 있다면 난 고개를 끄덕였을 것이다.

하지만, 그 댓글에서 느껴지는 것은 "아닌데? 난 하는데? 너 틀렸어" 였다, 물론, 사람의 적성과 성향 등 수많은 요소들을 이게 맞니, 저게 맞니라고 딱 흑백논리로 정의할 수는 없다. 그저, 내가 일을 해보니, 10년 동안 이 업계에 있다 보니, 어떤 성향이 어떤 부서의 일을 하기에 성격이 더 맞을 것이고, 이러한 일의 성격에 적합 할 것이며, 그만큼 당사자의 노력이 버겁지 않도록 수월하게 일을 할 수 있을 것이란 말이다.

고소공포증이 없어야 빌딩의 창문을 닦을 수 있는 특수한 직업이 아니고서야, 고소공포증을 가진 파일럿도 있고, 커피를 못 마시지만 바리스타를 하는 사람, 육회를 못 먹지만 육회 장사를 하는 사람을 주변에서도 많이 보았다. 그만큼, 성향이 직업으로 직결 되고, 그 성격만이 해낼 수 있다고 단언할 수는 없다. 현재 검색을 해보면, 간호사 면허를 가진 사람은 32만 명이다. 내가 살고 있는 구만 해도 33만 명이니, 동네 사람 전체가 간호사라고 할만큼 국내에 있는 것이다. 그 많은 사람을 단순하게 병원의 부서에 국한하는 범주 안으로만 대표할 수는 없다.

수많은 상담 중에 겹치는 주제들이 몇 가지 있는데, 그 중 하나가 어느 과로 가면 좋을 지를 고민하는 것이다. 고등학교 3학년이 될 무렵, 완전한 전공이나 진로를 확정할 고민의 마지막 기회라고 생각해서 결정을 하려하듯이, 이 또한 중대한 결정임에 틀림이 없다.

이걸 말해 주는 목적은 딱히 하고 싶은 게 없던 11년 전의 나처럼, 내가 어디로 가야 할 지 모르겠을 때라던가, 이 부서가 이러해서 내가 안 맞을 수 있었겠단 생각을 하도록 돕기 위함이다. 단순한 나의 업무능력 부족이 아니라, 내가 가진 성향, 일을 하고 있는 나라는 사람의 이해도를 넓혀서 감정적으로 치닫기 보다는 필요에 따라 이성적으로 나아가길 바란다.

감정적으로 난 왜 못하지 라면서 골을 파는 것은 아무런 도움이 되지 않는다. 퇴사 말고는 답이 없고, 간호사를 안 하는 것 말고는 해결책이 없는 낭비적인 생각이다. 고등학생 때 했던 직업 적성 검사의 결과만 믿고, 그대로 인생을 살아가는 사람은 몇이나 될까? 반대로 그대로 따르지 않아서 후회하는 사람은 또 몇이나 될까? 아니면 점을 보고서 뭐가 맞겠다 라고 듣고 나서 진로를 정하는 사람은 어떻다고 생각하나, 우리에게 필요한 것은 어쩌면, 어디로 가야 한다가 아니라 어떻게 가야 한다 이지 않을까 싶다.

나는 병동에서 근무를 해 본 적은 없지만, 지금껏 수많은 동료들이나 타 부서와 소통을 하면서 듣고 쌓아 온 여러 데이터를 종합 해 보았다. 간호사를 두고, 어느 과가 맞을지 길라잡이 역할을 하기에는 부모님보다는 잘 할 수 있을 것이다. 그 예상이 적중하거나 엇나가는 것에 초점을 맞추기 보다는, 앞으로 어떤 부서에서 일을 할 때 자신의 어떤 성향을 어필하기가 좋고, 어떤 장점을 요긴한 도구로 삼을 지 곱씹어 보길 바란다.

　나 같은 경우는 막연하게 간호사가 되면, 병원에서 배정해 주는 대로 일하는 것이 당연하다고 여겼다. 그래서 내가 어느 부서에서 일할지를 정할 수 있는 권한이 있을 거란 생각을 전혀 하지 않았다. 그래서 더욱이 어느 과가 되는 지가 내 인생의 운명인 것만 같은 느낌을 받도록 했나 싶다. 내가 수술실에서 일할 수 있게 된 것은 신입생 오리엔테이션에서 종이를 나눠주며, 1지망과 2, 3지망 부서를 적도로 하였기 때문이다. 수술 자체에 호기심이 가득 했다기 보다는 3교대를 안하고 싶은 것이 나에겐 가장 컸다. 그때만 해도 수술실에서 일하면 교대 근무가 없을 거라 확신했고, 그 오해는 아름다운 착오가 되어서 나는 상근직 간호사로 11년째 살아가고 있다. 일을 하다 보니, 의미부여를 해 나갔고, 내 부서가 나에게 맞다 라는 생각을 해나갔다. 오히려, 간호사는 나의 길이 아닌가 의심한 적은 있어도 부서를 처음 스크럽에서 마취과로 옮기면서 의심한 적은 없었다.

　학생 때 2,3학년 때 실습을 나가면서도 수술실에 한번도 가본 적이 없었다. 그러니, 실습에서 마주하게 된 부서가 나에게 전부가 아니라고 생각해도 되며, 생각보다 부서라던가 내 앞길이 정해지는 것에는 재미난 변수들이 생겨나기도 한다.

내가 간호사를 시작한 년도가 2012년이니까 지금보다 정보력이 부족 하거니와 회사에 대한 개인 의사 표현력이 당연시되지 않았던 것이 그 시대 분위기 상이었다. 그래서 내 동기 중 한 명은 언니 두 명이 간호사이다보니, 그 영향으로 처음부터 마취과를 원하기도 했다. 심지어, 그 동기는 마취과에 정원이 나지를 않아서 시작은 나와 함께 수술실 스크럽으로 트레이닝을 받았다. 그런데도 계속 마취과를 놓치 못하여 자리가 생기는 대로 과 변경을 하기로 하고 근무를 했고, 그렇게 한달 즈음이 지났나 세달은 걸리지 않을까 했던 자리가 마취과에 생겨 곧바로 넘어갔고, 환자를 대하는 것만 보아도 만족도가 최상이라 했다. 실제로 보기에도 환자를 아기 대하듯 조곤조곤 응대하는 것이 잘 맞는 곳이라는 생각이 들었다.

아침에 출근하여 저녁에 퇴근 하는 삶, 이게 무슨 저는 졸리면 잠에 들고 눈이 떠지면 잠에서 깨요 같은 말인가 싶을 것이다. 그러나 또 알다시피 간호사라고 하면 대부분의 사람이 심지어 간호사들도 3교대로 기본적으로 생각할 정도로 교대 근무가 당연한 직군 중 하나이다. 그래서 상근직으로 일하고 있다는 것은 간호사인 내 친구들 조차도 부러워 하는 부분이다. 한 친구는 나이가 들어가면서, 결혼이나 건강을 생각하면 나이트 근무가 없는 상근직을 하고 싶은데, 좀처럼 자리가 나지 않는다면서 나를 부러워하기도 했고, 다른 친구는 상근직을 갑자기 하자니 페이가 적다면서 미리 할 걸 아쉬워 하기도 했다. 여기서 페이는 삼교대 경력직이 상근직이나 특히 수술실로 올 때는 경력을 전부 인정받지 못해서 페이가 적어지는 이유도 있다.

첫 단추를 가벼운 듯 희한한 생각으로 껴보았던 것이 나의 모든 판로를 만들어 주었고, 어쨌든 어떻게 의미 부여를 해 나간 것도 있다고 말을 하고 싶었다. 하지만, 모두가 긍정 회로를 돌리며 일하지는 않을 것이다. 이미 나에게 상담을 걸어 온 사람들만 보아도 학생 때 부터며 일을 하고 있는 순간까지도 고민을 하고 있으니 말이다. 이직을 할 때 부서를 바꾸고 싶은지, 병원을 바꾸고 싶은지, 일 자체를 안하고 싶은 것인지, 아니면 다른 무언가가 하고 싶어서인지 본인을 잘 돌아보길 바란다.

-너는 너를 나는 날

나를 파악하고 아는 것은 곧 상대를 파악할 수 있는 초석으로써 무척 중요하다. 상대를 아는 것은 일을 하면서 얽히게 되는 사람 관계에 대해 길라잡이 역할을 해 주기 때문이다. 도무지 이해할 수 없을 때, 성격 유형을 알고 나면 아, 저 사람이 그런 성격이라서 그랬구나 라며 이해를 돕고, 그동안 나의 억울함이나 화가 나는 것들을 조금이나마 진정시킬 수가 있다.

대표적으로, MBTI 검사가 있는데, 이를 맹신하지는 않지만, 상당한 참고 사항이 되고 있다. 예를 들어, 마취 과장님이 저거 가져와 할 때 그 사람을 이해하는 방식은 N성향이어서 거시기가 여러 의미를 포함하듯 저거를 가르킬 때, 무엇을 의미할 수도 있는 사람이구나를 이해할 수 있다. 이해가 없었다면, 괜히 나를 갈구나 왜 나에게 말을 바로 안 해주지 라고 오해할 수도 있다. 내가 N성향이라서 많이 들었던 말은 그 말을 이해했어? 이다. 흐름상 그걸 가르키는 게 당연한데 놀라는 사람들이 S였던 것이다. 그래서 예전에 MBTI가 없던 시절에는 선배 한 명이 너는 똑똑한 거 같은데 아닌 것도 같고 모르겠어 라고 하는 경우가 생기는 것이다. 또는 말을 톡식하게 하는 사람은 T인가 싶으면서 S여서 머리에 떠오르는 것을 곧이 곧대로 말한 걸까 싶을 수 있다. 생각나는 대로 직관적일 수는 있지만, 입으로 내뱉는 것은 그냥 생각이 없는 것이다. 남을 배려할 줄 모르는 것이다. 그러니, 사람 자체를 파악하려면 객관적 지표에서 도덕적인 관념까지 무시해서는 안 된다. 이렇게 분석을 하면서 회사 생활을 하다보면, 아 저 사람 저거여서 저러는 것 같은데 하고 지켜보다가 맞기 시작하면 재미있게 느껴질 것이다. 난 이미 사람을 그렇게 파악하고 구분해 나가면서 사람을 가렸는데, 그 구분이 이런 게 아니었나 싶다. 이로 인해 자신의 생각들이 감정으로 파고드는 것을 피하고, 분석적으로 흐르도록 고쳐 줄 수 있을 것이다.

간호사를 하면서 7-8년차 정도가 지나서야 F라는 둥 T라는 둥의 성향 구분이 유행을 타기 시작했다. 이게 내 신규 시절에도 있었다면, 마음고생을 덜 하지 않았을까 싶을 정도로 객관성을 유지하는 데에 도움이 되고 있다. 그래서 나는 선배들이 있어도 이제는 내가 더 알고 있는 업무들도 분명 있기 때문에 소통을 하며, 완연하게 거절을 하는 것도 있고, 고집을 부리는 것이 생겨났다. 일적으로는 신규 때처럼 인간관계로 부터의 스트레스가 적은 것은 사실이다. 그럼에도 연차가 쌓인 사람 또한 나 자신을 알아야 하는 이유는, 앞으로는 다른 싸움이 시작되기 때문이다. 사원을 벗어나 주임의 업무를 맡게 되는 것은, 단순히 눈앞에 보이는 일을 해낸다 못 해낸다의 수준이 아닌, 질적으로 성장해야 함을 필요로 한다.

그만큼 좀 더 여유로운 덕목이 필요하다. 이제는, 내가 가고자 하는 목표점을 좀 더 높게 잡고 일에 매진해야 한다. 수 선생님이 되기 원한다면, 마취과 일 뿐만이 아니라 수술실에서 함께 일하는 스크럽과 어시스트의 업무에 대해서도 이해도가 있고 리드를 할 줄 알아야 하며, 때로는 내가 일손을 도울 줄도 알아야 한다. 이제는 내가 나아갈 것 인지와 머무를 것인가를 두고 싸워야 하니 그 길을 걸어나가려면 내 마음속을 잘 살펴가야 한다.

사람은 나이가 들수록 바뀌기가 힘들다고 한다. 그래서 뻔한 말을 하는 사람더러 꼰대라고 하는데, 나 또한 어쩔 수 없는 꼰대이지만 최대한 그러지 않으려고 노력을 하는 편이다. 왜 저럴까 라며 답답해하는 심정으로 버티듯이 사람 관계를 지속해 간다면 결국 내가 지치고 누가 먼저 지쳐서 나가떨어질 것인가를 초점으로 적자생존의 결말이 된다.

그러하면 출근하기 전에는 오늘은 그 사람이 그런 말을 안 했으면 좋겠다거나, 내가 뭘 해야 할 지 얽혀서 끌려가는 시간이 줄어든다.

난 출근해서 산뜻하게 일하고 싶고, 나의 많은 시간을 부정적 기운으로 점철하고 싶지 않다.

-일 잘하기 또는 잘 해 보이는 방법

일 잘 한다의 기준은 무엇이라고 생각하는가? 1번, 혼나지 않는 것 2번, 혼자서도 잘 하는 것 3번, 시키지 않아도 할 일을 찾아서 하는 것 4번, 일의 빈틈이 없는 것 5번, 일을 빨리 하는 것, 이보다 더 많은 보기들과 기준들이 있을 것이다.

내가 생각하기에는 일 자체를 잘한다는 것은, 그 일에 두 번 다시 다른 사람의 손이 갈 필요가 없도록 하는 것이다. 저 사람에게 시키면 일 처리는 확실하지! 라는 이미지를 주는 것이다.

슬로건으로 신속과 정확이 함께 따라붙는 이유는, 무조건 빠른 결과를 가져온다 한 들 누락이 많으면, 다시 다른 사람이 재차 일을 둘러보아야 함으로써 번거로움이 생기는 것이고, 실수를 하지 않는 것만으로는 해내는 것이지 잘했다고 할 수가 없다. 놀랍다거나 잘했다는 감탄사가 아니라 "무난하네." 라고 평을 받을 것이다. 또한, 빈틈 없이 일을 한다는 것은 완벽에 가깝긴 하나, 회사 생활 이라는 것이 함께 하는 것이다 보니, 혼자서 자기 일만 잘해도 다른 사람들의 뒷담화 대상이 되기도 한다.

많은 사회 집단들이 있는 만큼 집단 자체의 성향도 무척 다양하다. 한 명이 잘하면 안 되겠다, 내가 더 잘해야지 라는 경쟁 심리를 불러 일으키는 회사는 잘하는 사람에 대한 보상 체계가 확실하기 때문이고, 그렇게 열심히 해서 뭐해 어차피 월급은 같은데, 너도 쉬어 그냥~ 이라면서 잘하는 사람조차도 굳이 능력 발휘를 하지 않게 되는 것이다.

그럼에도 의욕이 앞서서 집단의 성격과 달리 일한다면, 쟤는 우리 랑 말을 하려 하지 않아, 무슨 생각인지 모르겠어 등등의 시기들이 쏟아진다. 부러우면 너도 잘하면 되잖아하는 입장을 가지겠지만, 나머지들은 잘하고 싶지만, 능력이 안 되는 사람도 있고, 잘하고 싶은데 귀찮으면서 그러한 자신을 인정하지 않아서 남에게까지 강요하는 경우도 있다.

누군가 나에게 부정적인 생각을 속으로만 갖고 있다 한들, 각자의 성향이나 속 마음은 일할 때 스물스물 새어나오기 마련이고, 그 눈빛 이나 일하는 분위기에서 묘한 불편함이 있을 수밖에 없다.

나는 ENTJ로써 통솔자의 역할을 좋아해서 인지는 모르겠으나, 내가 원하는 공기의 흐름대로 분위기를 만드는 것에 재미를 느끼는 편이다. 어린 연차였을 때는 불가능 했지만, 차지가 된다거나 주임을 달면서 나를 성장시켜 주는 계기의 사건이 있었다.

그곳은 출근해서 같이 아침도 먹고 화기애애하게 일을 하는 분위기였고, 나는 스케줄을 조정하여 환자를 부르는 입장이었다. 그 때 분위기가 좋다 보니 내립시다, 맙시다 라며 옆에서 이야기 하는 사람이 많았는데, 난 장난으로 누구는 내리라 하고 누구는 하지 말라하고 서로 와서 그러면 나더러 어쩌라는 거냐고 말을 했는데, 순간 사람들은 내가 화난 줄 알고 갑분싸를 느끼며 각자의 방으로 흩어졌다.

그때 느낀 것이 "나의 힘이 이 정도구나." 라고 생각한다면, 앞에서 지랄만 하는 사람이 될 수도 있겠다는 것을 직감했다. 성격이 더러우면 무서운 것이 아니라 시끄러운 것을 마주하기 싫어서 피하는 것이기 때문이다. 그래서 수 선생님이 되거나 과장이 되면 외로워 진다는 것이 자기만의 세상에 살기 때문이다.

난 늘 내가 민주적이고 싶고, 함께 어울려서 좋은 사회를 만들고 싶은, 적어도 내가 있는 회사의 분위기는 모두가 다니고 싶은 회사였으면 하는, 내가 착한 줄 알고 내가 나를 연기하는 부분이 있다. 그래서 현재도 막내 선생님이 적출물 통을 정리하면, 나도 옆에서 다른 일을 하면서 막내만 죽어라 일하는 분위기를 깨보려 노력하고 있다.

그럼에도, 회사라는 곳은 수직적 구조가 있는 한 압박감이 막내에게 쏟아질 수밖에 없다는 것도 알고 있고, 그걸 막내가 피부로 느끼거나 정말 그렇게 흘러가서 선배들은 놀러 다니는 구조로 만들고 싶지 않다. 반면교사로, 다른 부서들을 봐오면서 저렇게 까지 해서 찍어 눌러야 할까, 존경과 존중은 저렇게 생기지 않는데 말이지, 오히려 멍청하고 1차원적이지 않나라는 생각에 야만해 보일 뿐이다.

회사에서 원하는 분위기를 만들고 싶다거나 적어도 내가 있는 시간의 그 공기의 분위기를 조절 하고 싶다면, 허심탄회한 불만들을 들어주며, 해결책을 제시해 주는 존재가 되어야 한다. 혹자는 이 생각에 대하여 다 들어줬더니 어디까지 들어주어야 하는지 모르겠다고 할 것이다. 이게 맞다. 이 선을 요구하는 사람도 생각하게 만드는 것이 상급자의 역할이라 생각한다.

이 선을 맞추려면, 일단 회사에서 어디까지 해줄 수 있는지를 알고 있어야 하고, 그 부분이 재정적으로 영향을 주는 지가 가장 중요하고, 그 다음은 공평성이 있는지, 아니면 차별점이라고 했을 때 다른 부서에서 걸고 넘어질 수 있을 문제일 지도 중요하다. 재밌는 사건이 또 있는데, 내가 SNS에 원장님께서 회식 때 주신 용돈으로 오늘 커피 사 먹었다고 올린 피드를 보고서는 수술실에 인센티브 줬다더라 면서 간호부에서 수술실로 연락 온 적이 있다. 누가 SNS에 인센티브 줬다고 올렸다면서?? 누구야?? 라는 것이다. 그래서 인센티브요???? 저는 커피 먹었다고 올렸는데요?? 그 때가 의대 증원으로 대학 병원들 교수와 전공의들이 파업을 했던 시기였고, 낙수 효과로 한 달에 수술이 160 케이스를 하고서 회식을 하던 때 였다. 회식 자리에서 원장님께서 혼자만 말하는 것 같다 시길래 나는 인센티브를 달라는 의미로 저희 용돈 좀 주세요 라고 했더니, 10만 원을 주신 것이었다. 수술실은 늘 수술실 근무하는 사람들과 수술실에 들어오는 원장님, 과장님을 다 챙겨서 커피 15잔 정도를 주문한다. 그래서 10만 원은 내가 한 번 아이스 라떼를 먹을 수 있는 정도의 금액이다. 그 사건을 보고 화가 나서 나 혼자 10이 아니라 커피 한잔 먹은 게 그렇게 아까운건지, 커피 한잔이 회사의 인센티브라고 생각들 하시는 지 신기하였다.

내 SNS 계정이 팔로워가 4,500명이다. 나에겐 소중하고 크지만 인플루언서라기엔 턱없이 부족한 숫자이며, 반하여 릴스 조회 수가 1000만 이상이다 보니, 내가 병원에 공유한 적도 없는 SNS 계정을 어느 직원이 내가 찍은 동영상이나 스토리를 보고, 같은 직장인 것을 알았나보다, 좀 더 똑똑하다면 어차피 모르는 사람이니까 나라면, 댓글로 '우와, 인센티브 받으셨나요. 저희는 명절에 얼마 주던데, 얼마 씩 주나요.'라며 넌지시 정보를 확인하고 수술실에 얼마 받았다더라 우리는 왜 안 주냐 했을 것이다.

다짜고짜, 사실 확인도 하지 않은 채 수술실은 인센티브 줬더라! 라면서 나의 현실로 끌어와서 일하다가 불쾌한 감정을 주었고, 병원에서 내 계정을 돌려본 증거까지 보았기에 난 더 이상 내 계정에 사적인 내용을 올리지 않고 있고, 긴밀할 것도 없지만 더욱이 올리지 않고 있다. 그러면 그 사람은 자기만의 신문고를 잃어버린 것이다. 아마, 그렇게 말하고서 알고서 말하라며 간호부에게도 좋지 않은 이미지가 됐을 뿐이다.

나도 상당히 욱하고, 정의를 구현하겠다면서 들고 일어나는 성격이었으나, 회사 생활을 하면서 터득한 것은 도둑 고양이처럼 살짝살짝 간을 보면서 한 번에 강타 펀치를 날려야 한다는 것이다. 그리고 내가 어떠한 요구나 말을 하기 전에는 그렇게 들어줄 수 밖에 없도록 근거도 함께 제시해야 한다. 애매하게 맞서다가는 오히려 다른 더 큰 돌덩이에 맞을 수도 있다.

일을 잘한다는 것은, 곧 눈치껏 행동해야 하는 것이고, 그 눈치는 길러지도록 계속 통찰해야 한다. 쉽지 않기 때문에 해볼 만 하다 고도 할 수 있다.

회사의 분위기나 성향이 어떠한 지 파악을 하고, 누구의 말이 가장 입김이 쎄며, 어느 포지션에 있어야 중간 일도 가는 지를 살펴야 한다. 그래서 회사 생활이 피곤할 수도 있고, 이 짐작이 맞아 떨어질 땐 월드컵 때 골이 들어가는 것 마냥 쾌감을 느끼는 때도 있는 것이다.

아, 지금 나는 그냥 출근의 고생 값을 월급으로 받아서 서울에서 월세살이를 하며 촘촘히 여가도 보낼 수 있음에 감사하고 있는 중이다.

ㅡ올해 졸업한 신규, 53세 인사드립니다

지금도 그렇겠지만, 내가 학교를 다니던 때에도 만학도 제도가 존재했었다. 보통은 간호조무사를 하다가 간호사와 부딪히거나 공부에 대한 갈증이나 연봉도 미래에 대해 답답해 하다가 오신 분들도 많았다. 간호사들의 업무를 시키는 병원에서 일을 하면서, 페이는 적다 보니 내가 이럴 거면 간호사를 하지 라는 생각으로 온 사람들도 있었다. 고등학교를 졸업한 후 생계유지를 바로 하다 보니, 부러워하던 캠퍼스의 낭만을 즐기는 언니들도 있었고, 다른 전공을 하다가 온 오빠들 또한 많았다.

학생 때부터 시작하여 일 하는 동안 편입으로 방통대를 다녔을 때도 느낀 것이, 연륜이 쌓였다고 더 공부를 잘하는 것도, 또는 못하는 것도 아니었다. 아무래도 나이가 들면서 기억력이 더 떨어질 수도 있다 거나 체력의 한계로 공부하기가 더 힘들 수야 있겠지만, 본인의 노력이 중요 한 것 같다. 가장 기억에 남는 동기가 만학도로 들어와서 한번도 1등을 놓친 적이 없거니 와 학회장 자리를 제안 받아도 공부 할 수 있는 시간마저 뺏길까 봐 거절할 정도였다.

내 SNS를 통해 말을 걸어주신 분이 계셨는데, 그 분은 영어 전공자 인데, 53세이시며 지금 간호학과를 재학 중이라고 하셨다. '지금 이 나이에도 취직이 가능할까요?' 라는 질문을 해 주셨는데, 정답부터 말하자면 예스이다. 체력적으로나 정신적으로나 새로운 것을 받아들이는 데에는 좀 더 느릴 수도 있지만, 결코인지 능력이 못 따라 올 일은 아니다. 수술실이나 응급실처럼 민첩해야 한다 거나 몇몇의 특수 부서를 제외 하고 서는 언제든 원하면 갈 수 있는 곳들이 여러 군데있다.

신장실 같은 경우는 만성 환자이기 때문에 경력직을 선호 하는 편이지만, 유휴 간호사의 수가 어마 무시한 요즘에는 와 주기만 하면 감사 해 하는 곳들도 있다. 요양 병원이라거나 지방의 병원들 또한 간호사 구인이 어려워서 면허 가진 분이라면 와 주기만 해도 감지덕지인 곳들도 있다 보니 간호 대학교 증원에 따른 현역의 불 취업도 대두

되고 있다. 같은 신규를 두고서 어린 나이를 더 선호하지 않을까 싶을 텐데, 물론 그러할 것이다. 그러나 이미 만학도에게 주어진 조건을 바꿀 수 없다면 안 되는 점 보다는 되는 곳을 찾아서 파고 들어야 한다.

만학도 기피에 대하여 오해하기 쉬운 것이 단순히 신체 나이가 많아서 취직이 안 될거라고 생각하는 것인데, 내가 10년 넘게 간호사를 하며 경험해 본 바로는 나이 많은 자를 기피하는 이유는 아집적 인 성향인 것이 더 크다. 회사에서는 생물학적 나이보다는 사회이기 때문에 일로서의 경력 나이가 우선 시 될 밖에 없고, 내가 나이가 많은데, 저 어린 것이 나보다 경력 좀 있다고 꼽을 줘? 내가 모를 수도 있지! 배우러 왔잖아 라는 마인드가 한 때 많았기 때문이다. 이 정도면 개인적으로 끝날 수도 있겠지만, 직접적으로 연륜으로 경력직 선배들을 예의가 있니 없니 라면서 성격으로 밀어부치면서 기싸움을 하기 시작하면 슬슬 회사에서 관리를 해야만 하는 차원으로 넘어가는 것이다. 이런 상황이라면 어느 병원이 일 잘하고 있는 중간 경력자를 버리고, 만학도를 선택하겠는가, 함께 가기 곤란하다. 그래서 학교에서도 만학도 뿐만이 아니라, 모든 학생들에게 했던 말이, 실습을 나가면 우리의 모습이 곧 학교의 모습이 되고 잘못은 후배들의 기회를 박탈 하는 것이니 행동을 잘 해야 한다는 것이다.

초반에는 만학도 제도가 활성화됨에 따라서 부정적인 시선이 컸지만, 무르익어 가면서는 편견 또한 많이 깨지고 있다. 예전에는 단순히 따박따박 월급 받는 직업이라 생각해서 일을 해보려는 사람이 많았다면, 불취업 때문에 간호학과로 전공을 바꿔서 온 사람들도 많아지면서 다양화가 더 커졌다.

나는 신규는 아니지만, 마취과 경력이 적지 않기 때문에 나보다 나이가 많으신 분들을 가르친 적이 많다. 일을 하다보면, 결혼 후 전업주부로 계시다가 대학을 보내고 나오신 분도 있고, 미취학 아동을 건너뛰며 아이들이 중 고등학생으로 자라면서 나오시는 분들이 대다수였다.

한 분은 10년의 간호사 경력이 있던 분이었는데, 결혼 후에 10년 정도 쉬다가 복직하신 분이었다. 마취과 경력이 있으셨기에 대선배를 어떻게 대해야 하고, 어디서부터 어디까지 알려 드려야 할지, 내가 알려 드리는 게 선을 넘는 건 아닐지, 말투나 지식 내용 등등 모든 것이 조심스러웠다.

이런 다양한 케이스의 분들을 마주하면서 터득한 것이, 이럴 때는 아싸리 연장자이신 만큼 경력과 연륜을 존중하되, 내가 후배들을 가르치듯이 지식만 안내하면 된다. 자랑을 하자면, 난 후배들을 가르칠 때도 비아냥거리거나 나는 알고 너는 왜 모르니 라며 무시하는 태도 없이 몇 번이고 물어오면 몇 번이고 다시 알려주고 있다. 물론, 내가 좋은 사람이 아니라서 은연중에 힘든 티를 낼 수도 있다. 그래서 혼자만의 착각 일 수도 있겠지 라고 생각 할 까봐 변명을 덧붙이자면, 신규 간호사를 가르친 적이 있는데, 한 달 동안 마취 한 종류만 알려주었는데도 다음으로 넘어 가지를 못해서 퇴근 후에 수술 방에서 과외를 해 준 적이 있다.

보통은 한 달 안에 3가지에서 4가지의 마취를 배우는데, 한 가지에서 한 달을 필요로 했고, 그 한 달도 한 가지 자체만으로도 독립을 할 수 없었다. 평균적인 속도를 벗어남으로써 존재 자체에 의미를 두어도 그 친구는 무척 느린 편이었다.

전신 마취 때 기계 호흡을 하다가 약들을 주면서 깨우는데, 환자의 자가 호흡이 돌아오기 전에 의사에게 보고도 없이 기관에 삽관 된 튜브를 뺏고, 그 날 퇴근길에 그 친구의 표정이 어두워서 다른 부서의 친구가 왜 그러냐고 물었더니, 교회에 가야 하는데, 밥을 먹고 갈지 가서 먹을 지 고민이 돼서 라고 했다.

그 친구를 가르쳐 보겠다고, 일당백을 만들어 보겠다며, 처음부터 다시 시작해 보자면서 알려주기 시작했는데, 나만의 욕심이었을 수도 있다. 하지만, 직장에 와서 일을 하지 않는 것은 욕심이 아니라 페이다. 안 하는 것과 못하는 것의 차이를 보자면 안 하는 것이었고, 그 친구가 안 하는 만큼 다른 사람이 더 일을 해야 하기에 문제가 된 것이다.

이런 분위기에서 그 경력자 선생님은 무엇을 말하던 네, 네 라며 후배인 나를 존중하고, 일하고 있는 경력자를 존중해 주셨다. 사람은 이성이 있지만, 감성을 가진 동물인지라 나 또한 마음이 스르르 풀리면서 하나라도 더 알려드렸고 더욱 겸손한 뉘앙스를 풍기려고 말투에도 조심이었다.

문제는 아는 업무가 없는데, 묻지도 않고 하려고 하지도 않는 사람이다. 마취과를 해보았다고 해서 뽑았다던데, 같이 일을 해보니 기본적인 약물에 대해서도 전혀 아는 없었다. 흔히 사용하는 에페드린 이라는 약은 혈압이 떨어졌을 때 올리는 약으로, 약을 주면 심박동수가 올라가면서 혈압이 오른다. 그래서 맥박이 올랐을 때 혈압 측정 버튼을 다시 누르는데, 에페드린을 주고서 맥박이 바뀐다는 사실을 몰랐다. 그 약을 안 써봤을 수도 있지 싶겠지만, 양치할 때 치약을 쓰듯이 모든 병원이 기본으로 사용하는 약이다. 많이 이해했다 쳐서 내가 10년 동안 다녔던 여러 병원은 그 약을 안 쓰는 곳이 없었다. 적어도, 적어도 내가 다니는 곳들은 말이다.

게다가, 부피 바카인 헤비라는 약이 있는데, 부비 바카인과 부피 바카인 헤비는 엄연히 다른 약이다. 개와 게가 다르듯이 말이다. 라벨 작업을 할 때 꼭 키보드를 잡고 싶어 하길래 난 호명만 하였는데, 부피바카인헤비요~ 라고 했더니 헤비는 빼고 쓰는 것이다. 그래서 선생님 헤비요 했더니, 아니 이렇게 만 써도 알잖아 라고 하는 것이다. 이 두 약은 다른 약이다. 혼동될 수 있는 약은 따로 표시 하듯이 그 약이 없다 한들 표기는 바로 해야 앞으로 사용할 사람들도 약에 오류가 없으며, 처방 명도 완전 달라지는 부분이다.

그 다음은 페닐 에프린이라는 약인데, 이 약은 혈압이 낮을 때 올리는 역할을 한다. 조금 한 1ml 용량의 바이알인데, 주로 원액이 아니라 생리 식염수에 믹스하여 사용한다. 마취과 의사들 마다 주는 방식도 달라서 시린지 펌프를 사용하는 사람, 아니면 100ml 식염수에 믹스하여 도지 플로우를 연결하는 사람이 있다. 그 용량이나 방법을 어찌 하실런 지 원장님께 물어보고 있는데, 그 내용을 바로 옆에서 들으면서 전혀 이해하지도, 무슨 말을 하는 지도 몰라 했다. 뭔가 잘못 됨을 느낀 나는 내가 로컬에 만 있어서 그런 건가 싶을 정도로 그 사람은 내가 척추 관절 병원은 처음이라는 말을 시전했다.

그러던 중 확신을 시켜 주는 일들의 연속이 일어나기 시작했는데, 응급 카트 이야기 였다. 20년차가 넘고, 본인이 수 선생님을 해보았다 하였으나, 어떠한 자료도 지인들에게서 구해오지 못하였다. 같은 시간을 함께 했는데, 안부만 묻고 정작 업무 이야기는 꺼내지도 못했다. 그것 만큼은 본인이 잘 안다며 큰소리 쳐서 무작정 기다렸다. 그런데도 제출 기한이 다다름에도 구하지 못하였고, 난 같이 일했던 선배에게서 응급 카트를 비롯한 미처 준비하지 못한 약 리스트 까지 모두 받게 되었다.

응급 카트의 순서나 내부를 정리하면서, 소량으로 두어 깨질 수 있는 앰플 들 밑에는 거즈로 덧대어 두어야 미끄러지거나 파손되지 않으나 그 조차도 몰라서 본인은 그렇게 한 적이 없다고 했다. 난 다르게 했는데, 라면서 다른 방법은 몇 달이 지나도 태어나지 못하였다.

이것은 시작에 불과하였다. 경막 외 마취 때 필요한 키트가 있는데, 그 키트를 몇 주가 지나도 카테터 키트임을 인식하지 못하여 나에게 마취 때 마다 뛰어와 물었고, 마약 향정 계수가 맞지 않다길래 사용했던 앰플과 마취기 록지를 대조해 보라 했으나, 계속 본인이 카운트 한 종이만 가지고 왜 안 맞지를 시전했다.

환자 위 보호를 위한 약도 알지 못하여 다른 약을 준비하려 해서 막은 적도 있다. 놀라운 것은 나와 그분은 함께 약물을 설정하였다. 그때 리스트에서 모르는 약을 공부했어도 이 정도는 아니었을 것이며, 마취과 간호사가 마취 시 사용하는 약물을 모른다는 것은 쉐프가 설탕과 소금을 구분 못하는 것과 같은 이치이다.

내가 자지러지게 놀란 것은 이거는 이거잖아요 했더니 나중에 따로 와서는 원장님 앞에서 자기를 지적하면 창피하니까 따로 불러서 작은 목소리로 말하라는 것이다.

내 마인드는 창피한 줄 알면 공부를 해야 하며, 모르는 것이 창피한 게 아니라 알려고 하지 않는 것을 창피해 해야 한다.

전신 마취를 몇 번이고 했으나 전신 마취 준비물을 아직도 몰라서 나에게 쫓아 오기도 했다.

좀 전에도 말했지만, 모를 수 있다. 모를 수는 있으나 모르고 있어서 만은 안되는 거였다.

53세의 간호 학생 분께서 나이가 많은데, 취직이 될 지 걱정 하셨다면, 나이 많은 사람들의 잘못된 선례 때문이다.

배우는 속도가 느릴 수는 있으나 머물러서는 안되며, 모를 수는 있지만 모르고 있어서 만은 안 된다. 나이로 누르는 게 아니라 지식으로 눌러야 하며, 새로운 것을 배우려 하는 자세가 중요하다. 경력이 있는 만큼 초급자를 커버해 줄 수 있어야 하고, 더욱이 차분하게 그 보다 상위의 일을 겸할 줄 알아야 한다.

마취과에서 신규를 제외한 10년의 시간을 간호사로 보냈다. 그런데도 내가 아는 게 다가 아니라 생각하며, 새로운 것과 나보다 잘 아는 사람들이 넘쳐 난다는 것을 잘 알고 있다.

내가 후배에게 자주 하는 말이 있다. 언제든지 불편하거나 고쳤으면 좋을 것 같다는 게 있으면 말을 해달라는 것이다. 덧붙여 나는 하던 것만 해서 맞다고 오해할 수 있으니 새로운 방법이 있다면 같이 간결 한 방법으로 바꾸고 싶다고 말이다.

내가 청렴하다고 생각하지는 않는다. 그래서 난 적어도 내가 봐온 사람들 중 꼴불견이었던 모습은 적어도 안 가지려고 다짐하고 거듭 생각한다.

자신이 아는 것을 고집하지 않고, 아는 것은 알려 줄 수 있고, 모르거나 더 좋은 것을 내 것으로 만들려는 욕심은 일을 그만둘 때 까지 중요한 요소이다. 의학은 내가 간호사를 시작 한 십 년 전과도 차이가 분명히 있으며, 끝없이 발전해 가고 있고, 내가 다 알고 구축을 해놓았다고 해도 신규들의 빠른 손놀림이나 젊은이라고 일컫는 더욱 싱싱한? 뇌 구조는 이길 자가 없다. 그래야 변한다. 그래도 변하지 못하는 게 사람이기에 변하려고 노력이나 시늉들을 해야 한다.

이런 자세가 되어있는 분이시라면, 분명 나이가 문제 되지 않을 것이다. 노파심에 하나 더 말하자면, 그 선생님은 같은 일을 받았을 때 왜 해야 되냐며 볼멘소리를 먼저 하며 하루가 지나도 일이 진행되지 않을 뿐더러 결과물도 허술했다.

차라리 신규를 선호하는 이유는 네네 자세가 있기 때문이다. 본인이 무지하다는 것이 바탕에 깔려 있으며, 소위 말하는 까라면 까는 정신이 있다. 병원에서는 하라면 하라는 대로 잘 해주면서 연봉도 덜 줘도 되는 사람을 거절할 이유가 전혀 없는 것이다.

어찌 보면 한 사람을 비방한 것을 수도 있지만, 딱 좋은 나쁜 예시이다.

-싸바싸바

난 전문대였기에 2학년 때 실습을 나갔다. 응급 병동에서의 실습이였는데, 스테이션에서 의사가 고래고래 소리를 지르고 있었다. 무슨 일인가 싶어서 시선이 그쪽으로 향하였는데, 그 때 그 곳 수 선생님께서 자~ 이럴 때는 궁금하니까 귀는 그곳에 시선은 다른 곳에 두는 거야~ 라면서 하나의 팁을 알려주셨다. 그 말이 어찌나 재밌던 지 궁금해 하는 나의 심리를 간파하는 것에 그치지 않고, 어떻게 대처해야 하는 지 까지 알려 주는 이 문장은 아직까지도 내 뇌리에 깊이 남아있다.

신규 시절 내 동기들이 나이가 많다고 하였었다. 그중에서 동갑내

234

기 한 명이 있었는데, 동기들을 포함하여 선생님들까지도 동갑이라는 이유로 우리 둘을 비교하였는데, 그럴 때 마다 하는 말이 너와 그 친구가 다른 게 뭔 줄 알아? 넌 거짓말을 안 해. 걔는 뭘 물으면 숨기려고 돌려 말하는데, 넌 잘못 했으면 그걸 직시하고 실수를 말한다며 좋다는 것이었다. 이렇게 사람은 상대적이라는 것을 알게 됐다.

신규 때 내가 다녔던 병원은 빡세다는 외자 병원이었다. 실습할 때부터 미묘하게 선생님들이 예쁜 아이들을 더 좋아하고 반긴다는 느낌이 있기도 했지만, 유달리 그 병원은 남자가 적어서 인 지 남자에게만 우호적이었다. 또래 남자 어시스트 한 명이 있었는데, 호랑이라 불리며 까칠하던 선생님도 말이 많아지면서 껄껄껄 웃었다. 그것을 시작으로, 아! 나도 남자가 되어야겠다고 생각했다. 물론, 생물학적 남자가 아니라 행동을 모방한다는 것이다.

그래서 그 뒤로 선생님들이 말을 걸면 진지함을 살짝 내려 두고, 장난 끼 섞인 말투로 능청스럽게 응답을 하기 시작했다. 하나의 예로 10년차 선생님께서 넌 밖에서는 말을 참 잘 하는데, 왜 일 할 땐 꿀 먹은 벙어리고 버벅거리는거야~ 라고 물으시길래 인생은 23년차인데 간호사는 1년차라서 그런 거 같아요~ 간호사도 10년차가 되면 까불까불 하지 않을까요~ 했더니 무척 좋아했다. 중요한 것은 상대의 기분을 보면서 말해야 한다.

그리고 내가 먼저 선생님들께 말을 걸 때는 상대가 좋아할 만한 장점들을 캐치하였다. 머리 자르셨어요? 긴 머리도 예쁘셨는데 단발이 더 귀여운 이미지가 두 배가 되시는 거 같아요~ 라든가 안 잘랐다고 하면서 달라진 거 같으냐고 되묻는다. 그러면 네, 분위기가 달라 보여서요 라고 했고, 보통 별로냐고 묻는다. 그때도 아니요. 오늘 각도가 좋은 거 같아서요. 라고 말하면 된다. 연애 이야기라든가 내 이야기, 쌤 이야기를 들으며 찜질방 토크를 하듯이 대하였다.

음식을 좋아하는 분들에게는 내가 좋아하는 디저트나 빵을 사서 캐비닛에 다른 사람 몰래 넣어두었다. 중요한 것은 나인 티를 무조건 내야한다. 드리기 전에 선생님 크림빵 좋아하세요~? 패스츄리 좋아하세요를 묻는다던가 커피를 좋아하냐고 묻는다든가 말을 던지고서 넣어두면 아 그때 애림이가 물어봤는데 넣어두었구나 하는 것이다.

이게 무슨 얌체 같은 행동인가 하겠지만, 뇌물 공법이 왜 통하는 줄 아는가 좋은 것을 줘서? 아니다. 일할 때가 아니라 그 외에도 나를 생각해서 더 무언가를 챙겨주었다는 마음 때문이다.

사람끼리의 이미지가 형성이 되면, 나라는 인식을 한다고 한다. 그러면, 사람에 따라 같은 실수를 하더라도 좀 이해를 하려고 하는 경향이 있다. 내 실수를 덮으려고 가 아니라, 굳이 안 혼날 일을 만들지 않으려는 것이다.

사과 박스를 넣어두라는 말이 아니다. 그 감성을 터치하라는 말이다. 그래서 이 마인드를 아는 사람 중에 눈치가 빨라서 그 무엇도 받지 않으려는 사람이 있다. 그런 사람은 정공법으로 다가가야 하는데, 일을 잘하고, 다른 사람에게도 잘하면서 그 사람이 원하는 일 잘 하는 상이 무엇인가 확인을 하고 행동해야 한다. 그런 선배가 좋은 사람일수록 나도 좋은 경력자가 되기에 중요한 인생의 멘토가 될 수도 있다.

Part 7. 엑기스

-기출문제1. 수 선생님 유형 파악하기

첫 번째는 캥거루형 → 자기가 필요한 사람임을 느끼고 싶어서 다 해주려함, 두 번째 직장인형 → 출근해서 보이질 않는다. 환자에게 잘함, 세 번째 아부형→ 윗사람에게 잘 보이려고 만 급급, 네 번째 어쩌다형→ 저 실력으로 어찌 됐는지 의문

윗 사람 한 명을 파악하는 것은 결코 한 명만이 아니라 더 크고, 많은 의미를 포함한다. 수 선생님이 부서 운영보다는 대외적인 일에만 관심이 있다 하더라도 그것 또한 중요한 지표이다. 왜냐, 수 선생님이 자리를 비우면 누군가는 대행을 해야 하고, 다른 사람이 그 자리를 노리고 있기 때문이다. 내가 간추린 네 가지에 대해 풀어보겠다.

우리 병원은 다들 수더분 해요 하겠지만, 반장 없는 학급 없고, 회

장 없는 회사 없으며 하다못해 반창회에도 장이 있다. 사람이 둘만 모여도 입김 더 센 사람이 있듯이 여럿 모이는 자리에 회사이다? 영락없이 라이온 킹은 존재할 수밖에 없다.

그래서 난 이직을 자주 한 사람으로써 바로 윗사람의 성향과 수 선생님의 성향을 파악한다. 첫번째, 수 선생님의 성격이 호탕하나, 일은 좀 잼병이다. 그러면 그 밑에서 일을 더 잘 알고 휘두르려는 사람이 있을거고 수 선생님은 자신의 부족함을 감추기 위하여 그 의견에 상당히 의지를 하고 있을 것이며, 그 사람이 하는 일 외적인 것에도 휘둘려 질 가능성이 있다.

내가 해외 여행을 보내주지 않는다고 관뒀을 때가 아주 대표적인 막장 드라마 였다. 간호부장님이 오케이 라며 허락을 하였으나, 내 바로 위 선생님이 안 된다 하니 다시 나에게 갈 거면 관두고 가고, 다니고 싶으면 여행을 취소하라는 것이다.

그 당시에 나는 회사보다는 140만 원 짜리 티켓이 더 아까웠다. 그 티켓을 통한 나의 경험은 단순한 일주일이 아닌, 앞으로의 내 인생의 관점을 반드시 좋은 방향으로 이끌어 줄 것이라 생각했기 때문이다.

당장의 돈 보다는 길게 보면 이득인 것을 선택했더니, 간호 부장님께서 바쁜 겨울에 당장 관두면 여기가 어떨지 사정을 잘 알지 않느냐고 감정에 호소를 하였다. 회사도 내 마음 하나 안 알아주는데, 내가 왜 그들을 이해해야 하지? 관두면 이 회사는 더욱이 그냥 어디 구석

탱이 병원인데? 라는 마인드가 발동됐다. 고민을 해보겠다 했더니, 그러면 다른 사람들에게는 여러 말 안 할 테니, 여행을 다녀오는 걸로 하고, 좋은 쪽으로 생각을 다시 옮겨보자 라며 면담을 끝냈다.

그 당시 수 선생님이 바뀐 지 일주일도 안 된 시기였기에 난 2년 넘게 모셨던 수 선생님 말고 새로운 분과 이 이야기를 해야 했다. 어찌나 일을 못하고 안 하시던지 차지 선생님께서 답답해서 수술 방을 돌렸고, 그 수 선생님은 그걸 창피해 하는 게 아니라, 본인이 머리 아픈 일을 하지 않아도 된다며 신나 했었다.

내 글을 보면서 알아챘는지 모르겠지만, 난 내 눈에 일을 못해 보이는 사람은 형편없다고 생각 하는 편이라서, 되바라져서 상사라고 할지라도 일적으로 배울 점이 없다고 생각되면, 무시를 하게 된다. 그 수 선생님이 딱 그러했다. 나에게 처음엔 여행을 가라 했다가 나중엔 또 가지 말라했다가 병원 말을 듣고서는 어쩌자 했다가 번복하기 일쑤였고, 일도 못하고 강단도 없으며, 할 줄 아는 게 없으신 이미지였다.

내가 부장님과 면담이 끝나서 올라가니, 나에게 뭐라시냐며 물어 왔다. 심지어, 너가 그러면 관둬야 하지 않겠냐며 내가 선택하기 전에 내 밥줄을 쥐고 있는 마냥 말을 했다. 내가 병원에서 업무적으로 권고 퇴사를 받은 입장이 아니라, 내가 여행을 가는 것에 대한 책임을 져야 하는 것이었다.

순간 기분이 나빴던 나는, "부장님께서 둘만 알자고 하셔서 말을 할 수가 없는데요."라고 했다. 그랬더니, 너가 이제 나까지 무시하는구나 라며 노발대발 했다. 그 모습을 보니 더욱 그런 수 선생님과 그런 사람을 고용한 이 병원과 일하는 건 발전이 없겠다는 생각을 했다.

어떤 수 선생님은 좀처럼 본인의 평판에 관심이 없던 분이었다. 남들에게는 늘 본인만 억울하고 힘들다는 듯이, 우는 소리로 말을 하거나, 누가 다른 의견이라도 내려고 하면, 내가 수선생님인데! 라는 뉘앙스로 면박을 주며 상대를 혼냈다. 그 분을 관찰해 보니, 그 분이 입사하기 전부터 있던 차지 선생님이나, 본인이 모르는 일을 잘 한다고 생각하는 사람들에게는 윗사람을 모시듯이 깍듯하면서, 먼저 말도 걸면서 미소 또한 잃지 않는 것을 볼 수 있었다. 욱할 때면, 지금 내가 잘못했다는거야?? 어처구니가 없네, 선.생.님.! 이라며 수술실에 떠내려가라 모두가 알수 있도록 화를 내는 스타일 이었는데, 그 분은 늘 가장 늦게까지 일을 하고 퇴근 하셨다. 그래서 내가 먼저 퇴근 하는 날에 커피를 사 드리면서 드시면서 하시라고 살포시 자리에 두고 왔더니, 애림아~애림아~ 라면서 병원 생활을 불편하지 않게 해주셨다.

이것의 단점이 있다면, 아부 떠는 후배를 경계하게 된다는 것이다. 이 선생님도 나를 간파하고, 듣기 좋은 말만 하는 건가 싶은 것이다. 연차가 쌓이고 나이가 들어가면서 객관성과 판단력이 흐려지는 것이 나의 불안 중 하나이다. 그래서 무시 당하는 선배가 아닌 지 경계를 하고 호의를 받았을 때는 오히려 내가 모자른 부분이 없는 지 긴장을 하게 된다.

내 간호사 인생을 놓고 보거나, 인생 자체를 놓고 보았을 때에도 가장 큰 영향을 끼친 간호사 선생님이 계시는데, 나보다 연차는 적어도 30년 정도 더 많으셨고, 직급도 높으셨다. 나를 진급 시키기 전에 다른 친구와 경쟁을 붙이며 대결 구도를 만들기도 하셨고, 베짱이라는 별명도 만들어 주셨으며, 관둔다 할 때는 모두가 생각하는 차지와 직급만 차지인 것과는 다르다는 것을 한번 더 인지시켜 주셨다.

어찌 보면 회사 차원에서는 얘가 그럴만한 사람 인지를 테스트를 할 수도 있다고 생각하지만, 지금껏 봐온 선배들의 모두가 배울 점이 많을 만큼 타당성을 갖고 있진 않았기에 난 더욱이 이해를 하고 싶지 않은 부분이다.

내가 아무리 바빠도 나는 날 위한 틈을 만들면서 일한다는 것을 알아 차리신 분이다. 마취과 특성상 각자의 방에서 각자 수술 방에 있는 환자를 간호하기 때문에 독립적인 업무를 하게되며, 따지고 보면 서로 도울 일이 굳이 없는 부서이다. 버거워 하는 사람을 좀 더 아는 사람이 옆에서 도와줄 수야 있겠지만 응급 상황이 아니고서야 정말이지 각자 도생이다. 그걸 알고 일을 하는 나를 파악하시면서 나에게 넌 아무리 바빠도 알아서 쉬잖아 라면서 간파를 분은 처음이었다. 모를 일이 아닌데, 눈치채는 사람도 없었기 때문이다.

사람 속을 모르는 경우가 대부분이며, 난 그런 상사들이 편했던 것이 사실이다. 할 것만 하면 되었기 때문이다. 그러나, 그 분은 내가 나혼자 생각하는 것을 넘어서 전반적으로 부서원들을 위하는 지도 눈여겨 보셨던 것이다. 그래서 승진을 두고 경쟁시켰을 때 난 열심히 일을 했었다. 인정 받을 만한 가치가 있다고 생각했기 때문이다.

승진 외적으로도 내가 편협하지 않도록 해주셨는데, 신규 선생님이 의사에게 약물을 줄 때 바이알의 입구가 아래로 가도록 해야지 약을 받을 수 있는데, 그냥 세워서 주는 것이었다. 그게 아니라 입구가 아래로 가도록 기울이라고, 약을 주사기로 꺼내려면 약이 입구에, 아래로 가게 해야 주사기로 찔러서 꺼내는 거라고 했더니, 태운다는 것이다.

깨어 있는 환자 앞에서 왜요 라면서 실갱이를 부리길래 나가라고 했더니, 제가 왜 나가냐고 했다. 일을 할 줄 모르는데, 교육을 받으려 하지 않으면서 나가라는 것도 거절한 것이 나는 상당히 당황스러웠다. 그 상황에 대해서 차장님이 물었을 때 그 친구가 이러했다 라고 했더니, 그 친구라고 칭하는 게 아니라 누구 선생님 이라고 칭하라면서 나를 혼내셨다.

연차가 쌓일 수록 나에게 쓴소리 하는 사람이 없어진다. 그래서 연차를 먹는 사람들이 연차가 어릴 때는, 괜찮다 가도 점점 이상 해 진다고 생각든다. 틀린 것도 옳은 줄 아는 편협함을 항상 경계 해야하는데, 사람이 스스로에게 관대하기도 한 지라 쉽지가 않다.

그래서 나는 다른 사람이 조언을 해주면, 내가 불편할 것을 알지만 더 잘됐으면 해서 말해주는 거라 생각하고, 고맙고 감사하다. 그러나, 보통은 왜 나에게 잔소리 하냐 오지랖 부리냐 라면서 역정을 내기 때문에 사람들은 갈수록 말을 줄이고 그렇게 살아가도록 냅두고 포기하는 것이다.

내가 더 좋은 사람이 될 수 있도록 자신의 에너지를 써 주는 일은 정말 큰 힘이 필요한 일이다. 가르친답시고 비난을 하는 것도 아니고, 무시하는 게 아니라, 이런 점은 아니지 라며 교정을 해주시기에 난 그 방법들이 너무나 좋았다.

쉽지 않은 분이셨기에 내가 더 지능적으로 바꼈다고 해야하나, 사람에게 나를 읽히지 않도록 하는 처세술도 만들려고 하는 계기가 되기도 했다. 난 늘 나 혼자 고요하고 싶고, 내 생각의 방에 누가 들어 와서 통제 하는 것을 싫어하기 때문이다.

세번째로는, 일을 하면서 가장 이상적이라고 생각했던 분이 계신다. 그 분은 해외에서도 병원 프로젝트를 맡으셨고, 국내 빅3 병원에서 근무를 하셨던 분이다. 딱딱한 병원 생활에서 느껴지는 전형적인 수 선생님과는 지식으로나 인성으로나 차원이 달랐다.

좀 더 재미있는 수술실로 만들고 싶다고 하시면서 전지를 가져와서 크레파스를 쥐어주며 각자 하고 싶은 말을 써서 자기소개나 앞으로 나아가고 싶은 방향을 함께 만들어 나가자고 하셨다. 근무 외 시간이 아니라 수술이 없는 시간에 진행 된거였고, 수술이 없을 때 멍하니 청소만 하거나 잠자면서 시간 보내는 걸 아까워 하셨다. 그래서 그 당시 나의 주식 공부를 응원해 주셨고, 각자가 자기 개발의 시간을 가지길 원하셨다. 해외에서 일하면 이런 느낌일까 싶을 정도로 자유로우면서도 할 일은 하고 쉬어서 좋았다.

컨퍼런스를 자체적으로 하셨는데, 그걸 부서원들 에게 각자가 준비 해 오라는 것이 아니라, 직접 파워 포인트 파일로 만드셔서 제세동기 작동 법이나 심폐 소생술 등을 교육 시켜 주셨다. 교육이라는 것은 귀찮고 성가시지만 그분이 해주시는 교육의 내용은 정말 간호사라면 꼭 알고 있어야 할 사항인데, 병원이 나몰라라 하는 것들 잡아주셨다.

저녁이 되면 타 부서 식구들을 모아 친목 자리를 만들면서 관계가 좁은 간호사 생활에 재미도 주셨다. 호텔에서 칵테일을 사주시면서 나이 들수록 입은 닫고 지갑은 열어라의 표본처럼 멋있는 서울 생활도 알려주셨다.

노는 것도 잘하고 분위기를 잘 융화 시켜 주셔서 좋았는데, 기존의 꼰대 올드 들은 안티적인 성향을 보기이도 했다. 지금껏 잘해오고 있던 것들에 변화를 주니 편했던 것을 바꾸려는 게 귀찮음과 동시에 자신들을 부정한다는 느낌을 받았을 것이다. 회사에서도 필요 외의 압박이나 요구가 심해졌고, 그 분은 더 큰 길을 위해 떠나셨다. 이게 우리나라 병원의 현실이다. 그 분 다음으로 들어오신 분은 일 처리는 못 하면서 간섭은 심하고, 야단만 잘 치면서 간호 부장님이나 의사들에게는 잘 보이려고 급급했다고 한다.

수 선생님의 자리는 왕의 자리라 생각 하기 쉬울 테지만, 내가 봐온 그 자리는 독보적인 왕이 아니라, 누군가 치고 들어 올지 모르는 늘 불안정한 자리이다. 위에서는 자질 평가를 한답시고, 잘 하고 있는 사람에게 더 쪼아대었고, 팀원들은 팀장이면 그 정도는 해야지 라면서 바라기만 했다.

서로의 요구를 맞춰주면서 본인도 숨 쉬면서 살아가려면 얼마나 전쟁터일까 싶다. 그런 상황이기에 더욱이 그 사람의 태도에서 인성을 볼 수 있고, 앞으로 내가 가야 할 길을 리드해주는 사람으로서 본보기로 삼을 수 있는 좋은 인간책이다.

공부를 하는 동안 내가 누구에게 어떤 영향을 미칠 지도 중요하지만, 내가 어떤 사람에게 어떤 영향을 받아서 감정이나 일을 지휘 하게 될 지는 매우 중요한 요소이다. 평균적으로 10년차가 지나고 15년차 정도가 지날 즈음에 수 선생님이 된다. 그 위에 다른 직급들이 있지만, 일단 수많은 팀원 중 팀장이 되어야 하는 것을 난 간호사의 최종 목표라 생각하기에 그 자리에 좀 더 수월하거나 가는 동안 나에게 걸림돌은 없었으면 하는 생각을 갖고 있었기에 그 분석한 내용들을 하나 씩 풀어보았다.

-넌 당해야 마땅해?

내가 군대를 가보진 않았지만, 흔히들 간호사더러 여자 군대 라고
들 들어오고 있긴 하다. 심지어 간호사가 군대보다 더 심하다 고도 하
는데, 그 말에서 느껴지듯이 간호 사회는 정말이지 사방이 막힌 세계
구나 싶을 때가 있다.

후배를 앞에 두고 난 쟤 보이기만 해도 기분이 나빠 라고 말한다던
가, 치사하게 음식을 한 사람만 빼고 나눠 먹는 다던가의 인성이 저급
한 사람도 있지만, 내 기준에서 가장 나쁜 것은 둘을 놓고 비교하는
것이다. "쟤는 잘하는데, 너는 왜 못하니?", "너희 둘 다 못 따라 오지
만, 그래도 넌 그런 점이라도 나은 게 있어. 그래서 너한텐 마음이 더
가" 라는 식의 말을 들어본 적이 있다. 그 말에서 아싸 나는 살아 남았

다가 아니라, 그 타겟이 내가 될 수도 있었겠다는 생각을 했다. 둘을 비교하여 누구 하나는 꼭 못한 사람이어야 하고 누군가는 구석탱이에 존재 해야 하는 사람인 것이다. 안타까운 것은 그저 한 명의 개인의 말에 한 간호사는 옷을 던져버리고 공부하며, 고생했던 시간을 인생에서 버리고 떠났다는 것이다.

후배를 심하게 꾸짖을 때 주변에서들 그만하라고 말리는 경우를 난 보지를 못했다. 나 같은 경우는 내가 혼내는 사람에게 말할 수 있는 권한이나 연차가 어렸던 경우도 있었고, 연차가 쌓여 말렸을 때는 신경 쓰지 말라는 말도 들은 적이 있다. 이제는 일로써 나무랄 수 있는 사람도 없어지고, 내가 내 앞가림을 하고 나서 부터는 오히려 나에게 와서 뒷담을 하는 경우들이 여럿있는데, 그럴 때는 그건 못하지만 다른 건 잘하고 있는 것 같아요, 그 정도 개월 수에 그 정도면 잘 하고 있는 거 같고, 각자의 그때를 생각해보면 그렇게 잘했나? 나 신규 때나 그 연차 때 저 정도이진 않았는데, 내가 보기엔 저 후배가 우리 연차 되면 더 잘할 것 같기도 해요, 그렇게 혼내면 잘 하려다 가도 주눅 들겠어요, 지금 우리도 이렇게 흘러가는데, 온 지 얼마 안 된 사람은 오죽할까요? 라고 말한다. 사람은 바뀌지 않지만, 속내는 지나 잘하지 이고, 겉으로는 너나 잘하고, 입 좀 그만 다물라는 뜻이다.

연차가 쌓이고 둘이 모여서 그냥 희희덕 거리며 가볍게 하는 평가는 그룹의 평가로 오해 받을 소지가 있고, 연차 있는 사람들의 생각은 입김이 될 수도 있다. 그 사람들이 옳은 생각을 가지고 사람을 일의 적재적소에 맞출 수 있는 비판적 판단력을 갖고 있다면 다행이지만, 우리 현실은 절대 그렇 지가 않다. 나이만 먹고, 자신을 모르는 사람을 더 많이 보았다.

자기는 잘하나 싶은 사람들도 있고, 저기 어떻게 올라갔지 싶은 게 끝까지 의문인 사람들도 있다. 원래 저 사람은 이상 했었는 지, 경력이 쌓이면서 지켜왔던 것들을 망각하고 권력의 맛을 보아 이성을 놓았다 던 지 말이다.

어떠하든 그래야 마땅한 사람은 없다. 모두가 학교를 졸업하고, 국가 고시 협회에서 합격 소식을 받았기에 자격을 가지고, 면허를 부여받은 사람들이다. 기본 자격이 갖추어 진 사람들을 굳이 누군가가 시험에 들게 할 필요는 없다. 선배라면 좋은 길로 가도록 길라잡이를 해주어야 하는 것이다.

이렇게 말하면, 신규 선생님들이 바람직하다 감사하다 옳다 라는 말로 나와 같이 일하고 싶다는 댓글들을 달곤 한다. 그러나, 나는 배우려는 의지 없이 바라기만 하는 사람과는 말을 잘 안 하는 편이다. 선배들 보다 후배가 할 말을 더 못하는 입장이기 때문에 후배들을 좀 더 옹호하듯이 말하는 것 뿐이고, 선배가 본보기가 되어야 내가 잘 하는 거지 라면서 주는 것 만 떠먹으려는 후배들은 좋아하지는 않는다. 내가 어떠한 사람이건 적어도 내가 대하는 세상은 그러하다. 서로가 잘해야 한다.

　내가 알던 선후배 관계 중 안타까운 사연이 있는데, 선배는 평소에 일을 열심히 하면서, 자기 이익을 꼬박 챙기는 스타일이다. 본인 그릇을 챙겨 가는 것은 당연하면서도 무척이나 중요하다. 손해라는 것을 보기 싫은 것은 당연하지만, 내어주고 받아올 수 있는 게 더 크다는 세상을 모른다.

　본인만 중요시한 나머지 남들을 경시하거나 자기만 아니면 된다는 생각을 가지는데, 그 순간 위험에 빠트리는 것이다. 그릇을 가져가려 하기 전에 다른 사람들도 그 그릇을 평등하게 가져갈 수 있는 것인지 살펴야 한다. 자리가 하나라면 경쟁을 해야 하지만, 모두가 하나씩 먹을 수 있는 거라면 내 것을 입에 넣으면서 주머니에 챙겨서 모르고 있던 사람 입에도 넣어줄 줄을 알아야 한다. 그게 정이고, 일방적인 게 아닌 서로가 함께 좋을 수 있는 방법이다. 난 관계를 형성하고 싶지 않다는 사람은 보았지만, 그런 사람 치고 평온 해 보이는 사람이 없었다. 내 눈에는 들 가시 돋혀 있는 걸로 보였다.

　우리는 학생 때 부터 결코 혼자인 적이 없다. 태어났을 때도 신생아실에 같이 누워있던 친구들이 있고, 유치 때도 반이 있었다. 하다 못해 아카데미나 소수 정예 교육이라 할 지라도 인원이 미만일 때는 반 자체가 형성이 되를 않는다. 늘 이렇게 붙어서 더불어 가는 사회에서 난 혼자였다고 하는 사람은 심리 독립 감은 있었을 것이다. 밥을 먹거나 놀 때는 혼자였을 수 있어도 수업을 줌 수업이 아닌 이상 여럿이서 들었을 것이며, 회사에서도 감정 없는 일도 서로가 유기적으로 흘러간다.

개인주의는 남에게 피해를 주지 않는 선에서 각자, 그리고 본인을 생각하는 것이지 않나, 나를 존중하듯 상대방의 바운더리도 존중 해야 개인주의이고 자신만 생각하느라 남에게 피를 끼치는 순간 이기적인 것이다. 그래서 뭐 손해봤어?라고 묻는 사람이 있다. 잔잔한 호수에 돌 한 덩이 떨어트렸을 때, 아무도 물에 젖지는 않았다. 그러나 잔잔한 호수를 보고 있던 다른 사람들의 시간을 망친 것이다.

사람이란 얼마나 편협한 지 본인은 개인주의라 생각하지만 타인들은 이기주의라 생각 하는 경우가 많기도 하다. 학생 때 정신 건강학을 배웠을 때 가장 기억에 남는 요인이 있다. 인사이트 라는 것으로 본인의 문제를 인식 하고 있다면, 회복의 긍정적인 소스라고 한다. 남 탓을 하기 보다는 본인에게도 잘못이 있음을 알아차리는 것 또한 건강한 생각이라고 했다.

사회가 이상하다 싶으면 나의 사회를 바꾸는 것 또한 방법이다. 그러나, 모두가 잘 지내는 사회에서 다들 괜찮은데, 나만 문제를 느낀다면 다른 각도로 한 번 쯤은 생각 해 보아야 한다. 나를 그 사회에 맞춰보려 충분한 시도를 했는지와 내가 가는 사회마다 안 맞는 다면 그 때는 본인을 돌아보길 바란다. 이것은 나이가 어릴수록 빠를 수록 좋다.

나이가 들면서 거친 파도를 헤쳐 사회 생활을 해 온 나라는 존재에게는 내가 써온 방법이 옳았으니 이 자리에서 좀 더 고요할 수 있다는 생각을 하게 만든다. 그 방법이 운 좋게 먹혀서 옳지 않았으나 통과된 적도 있고, 좋은 방법이라서 먹혔을 때도 있다.

내 스스로가 시시비비를 가리지 못한면, 그저 나의 모든 것이 옳았다 라고 생각하게 될 수가 있고, 그 때 부터가 우리가 꼴 보기 싫은 사람처럼 자기 안에 갇히기 시작하는 것이다.

이것은 이직이 잦던, 한곳에 오래 있었던 내가 고립되지 않고 성장하기 위하여 중요한 사항이다. 선배는 후배를 통솔해야 하는데, 나만 옳다고 생각하면 후배들이 업무 지시에 응하지 않거나 하는 시늉만 할 뿐 건강한 일 처리를 잃게 된다. 내가 하루에 가장 많은 시간을 보내는 곳에서 내가 가장 선배라면 내가 함께 보내야 할 사람들은 후배들이다. 그 후배들과의 시간이 즐거워야 내가 즐거운 게 아닐까 싶다.

강압적일 수는 있으나 생각이 없는 사람이라면, 자기가 무슨 짓을 했는 지 죄책감을 가지지 않는다. 되돌아보는 사람은 많으나, 내가 안 당하려면 이렇게 했어야지, 저렇게 하지 말았어야 했어 라면서 이상한 방향으로만 본인을 꾸려 나가는 사람이 더 많다. 그래 놓고서는 자신이 생각이 깊다고 착각하는 사람도 있고, 책을 자주 본다고 본인이 옳은 길로 가고 있다고 착각하는 사람도 많이 봤다. 책에서 읽은 내용이라며 말해주는 것과 그 사람의 행동이 다른 것을 보았을 때 신기했다. 뭐 그게 나일 수도 있지만 신기하다.

괴상한 사람들 까지도 포섭해 주길 바라며, 그나마 책이나 어디 에선가 부터 방법을 찾아보려는 사람들은 달라질 수 있는 존재들 이기에, 나 처럼 지금껏 혼자 가는 길에 흔들림이 있던 것에 나와달리 외롭지 않게 끔 잘하고 있다는 응원의 말을 덧붙여 주고 싶다.

그 선배라는 사람은 회사에서 평판이 좋지 않았다. 일은 일대로 하고 모든 것을 자로 잰듯 이익과 손해를 따졌다. 오늘만 일하는 것도 아니고, 오늘 일찍 퇴근 하는 사람이 있어야 내일 일찍 퇴근하는 사람이 있는 것인데, 쟤는 왜 더 주고 저는 조금 줘요 라고 한다. 그럴 때의 소통 방법은 더욱이 중요하다. 자칫하면 싸움으로 번질 수 있기 때문에, 유연하게 풀어야 하는데, 저도 더 먹을 수 있는데 조금 더 주시겠어요 라던가, 일단 먹고 다시 빈 그릇을 내밀어서 더 달라고 하는 것이다.

그런데, 그 친구는 늘 저 왜 밥이 조금이죠? 라며 어제 제가 계란 말이 하나만 더 먹었는데요. 오늘도 계란말이를 제가 하나만 먹게 되었어요. 두 개 먹는 사람은 뭐에요? 이 말을 할 에너지가 있다면, 그냥 하나 더 달라고 해서 두 개를 먹어라. 남이 두 개 먹는 게 불만이라서 내가 하나면 쟤도 하나여야 되 라는 것은 바보 같은 생각이다. 그럼 남은 것을 버리는 게 차라리 낫다는 심보인 것이다. 챙겨 주는 사람은 그저 눈앞에 계란 말이를 보고 달라는 애에게 더 줬을 뿐이다. 아무

이유는 없었다. 그게 고의가 될 수 도 있다면, 하나 더 달라고 하고 그 뒤의 반응을 보고서 왜 그러냐고 물어도 늦지 않다.

이 상황에서 그 선배는 동등하기 위하여 자기 몫을 달라고 하는데 뭐가 문제인지 생각 할 것이다. 그러나, 내가 해 주고 싶은 말은 내일은 계란말이가 하나 뿐이라서 그걸 어제 못 먹은 선배에게만 주려고 염두 해 두고 있다는 것이다.

이것은 서로 속을 모르고, 서로가 소통을 하지 않는 게 문제이다. 더 어른이라면, 내가 너에게 내일은 하나만 나오니, 내일은 너만 더 주려고 한다. 라는 말을 먼저 꺼내면서 주는 것도 좋았을 것이다.

그러나, 보통 회사는 선배라는 자리라면, 말을 하지 않아도 알거 라고 생각하는 경향이 있다. 보통은 그러하니 말이다. 그래서 연륜이 생긴다는 것은 화가 줄고 신사적으로 변할 수 있다는 것이 미리 내다보는 여유가 있기 때문이다.

선배가 감정을 넣지 않고, 오늘은 계란말이를 덜 받았는데, 저도 좋아해서요. 다음에는 더 받을 수 있을까요 라고 말할 수 있는 것이 중요하다. 사회는 룰을 따라 돌아가고 상황마다 유동적이며 개개인의 생각을 다 읽어나가기엔 몸집이 크다. 그래서 누구나 납득 할 만 한 규율을 만들어 굴려 나간다.

연차가 쌓일 수록 사회의 밑에서 뒷받침이 되어 그 사회를 도와 가야 함에 가까워 진다. 사회가 회장이라면 난 부회장이 되야 하는 것이다. 부회장이 되면 슬슬 사회도 파이를 나눠 주기도 하고, 내 마음 너는 알지? 라면서 내 사람으로 만들려는 작업을 한다. 그럴 때 그걸 알고 따라와 주는 사람이 있다면 어찌 안 챙길까. 아, 그래서 여러 회사가 문제인데, 그걸 보는 능력도 연차가 오르면 길러야 한다. 난 그래서 여러 번 이직을 했고, 이직을 할 용기가 없다면 맞닥 드려서 바꾸던가 받아들이면서 묻어야 한다.

무언가를 요구 하기 전에는 반드시 감정을 배제하고 본인이 원하는 방안을 제시해야 한다. 회사나 사회는 감정 처리 반이 아니며, 감정을 넣을수록 징징이로 낙인이 찍힐 수 밖에 없다.

대학 병원이나 기업 병원들은 대기업들의 선례가 많아서 조항들이 생겨 났지만, 보통의 병원들은 경영학 전공이 아닌 의사 개개인의 방침으로 생겨난 곳들이다. 그런 곳에서 나의 파이를 가져가려면 말을 잘해야 하는 것이고, 변화를 요구해야 한다. 내가 말함으로써 몰랐던 것을 알게 되고 바뀌는 경우도 있으니 말이다.

내 신규 시절을 제외한 모든 병원은 수술이 많아질 때 마다 퇴사하는 직원들이 있었지만, 바꿔보려고 필요한 요구들을 말하며, 두 마리 토끼를 잡는 사람들도 있었다. 저 관둘게요 라고 말하면 급한 곳은 있어줘 라며 돈 더줄게! 라고 하겠지만, 한가할 때 그런다면, 그럴래?가 된다. 그럴래 그럼이 아니라 뭘 더 해주면 우리가 널 잡을 수 있겠니라는 말을 들었으면 한다.

회사에서 부조리함을 당했을 때, 일단 동기들에게 털어 놓을 수는 있다. 그러나, 어느 누가 나를 대신 해서 싸워주 진 않는다. 상사가 나만 싫어 한다고 말했을 때, 처음에는 같이 선배 욕을 해 줄 수도 있겠지만, 내가 봐 온 현실은 상사의 분위기가 압승하여 다른 나머지들이 눈치를 살피며 혼나는 동기를 피하는 경우를 더 많이 보았다. 너가 불편하지 난 괜찮거든? 이 될 수 있기 때문이다. 때에 따라 나의 아군이었다가 결국은 각자도생이다.

　각자 생계이고 직업이니, 나쁘다고만 할 수는 없는 노릇이다. 그래서 갇힌 상황일 때는, 이건 좀 아니지 않냐고 넌지시 말하거나, 나 말고 다른 사람이 또 불만을 토로하면, 공감을 하면서 모두의 의견으로 분위기를 형성 해야 한다. 이 때 중요한 것은 옳고 그름을 본인이 먼저 잘 판단해야 한다. 무조건 선동을 하는 것은 금물이다. 그것 또한 본인의 전체적인 이미지가 될 수 있기 때문이기도 하고, 사회에서는 무조건 안티 하는 것을 좋아할 리가 없다, 부스럼을 분명 눈 여고 보고 있을 것이다.

　사회가 나를 뱉어 내지 않도록 하려면, 나에게는 다음이 준비가 되어 있어야 한다. 누누히 말하지만, 내가 느낀 문제점에 대해서 해결책도 제시 해 주어야 한다, 우리가 친구나 연애를 할 때 싸우는 것만 보아도 알지 않나. 흔한 밈으로는, 남자가 내가잘못했어! 라고 빌 때 여자가 뭘 잘못해는데? 뭐가 미안한데? 라고 묻는다. 그럼 남자는 당황

하고 여자는 또 토라지며 감정만 악화된다.

이런 상황에서 지혜로우려면, 난 이럴 때 이런 기분이었다 다음에는 이런 상황에 이런 것은 하지 않으면 좋을 것 같은데, 어떻게 생각하냐고 양 방향적인 소통을 해야 한다. 말을 좀 더 부드럽게 하면 상대는 한번 더 생각을 하고 깨달음의 시간을 갖게 된다. 사람도 자기가 무슨 짓을 했는지 모를 때가 있듯이, 사회도 모르고 하는 짓들이 있다.

나를, 다 커 보이고 한참 베테랑일 거라 생각하는 사람들이 있다. 그러나, 나는 후배보다 그 길을 먼저 밟고, 경험해 보았기 때문에 상대적으로 "좀 더" 아는 것이지, 절대적으로 나는 떡잎부터 그릇이 커서 우두커니 자리한 것이 아니다. 나도 걸어 오면서 알 게 된 것처럼, 누군가가 대단하게 생각할 수 있는 내가 되었다. 책에서 이런 말 저런 말 옳고 그름을 말하지만, 정작 내가 그런 사람이 아닐 수도 있다. 이건 내가 경험하면서 좋아 보이지 않는 사람들을 보면서 나는 저러지 말아야지 라며 하나하나 목록들은 만들어온 것이고, 그것들을 노트에 적어서 한번 씩 잊을 만하면 꺼내 보듯이 나에게도 한번 더 리 마인드 시키는 용도이기도 하다.

어쨌든 사회가 있고, 리더가 있다면, 일단은 따라가야 하는 게 맞지 않을까싶다. 리더도 몰라서 그런 걸 수도 있고, 모든 선배가 완벽하지만은 않듯이, 리더도 리더가 처음이며, 그 자리를 배워 가는 것이니 서로 존중하며 알려주면 안 될까? 왜 선배인데 모르냐, 난 옳은 말만 했다는 대답을 한다면, 내가 말해주고 싶은 것은 원하는 선배의 모습 또한 내가 만들 수 있다는 사실이다.

그 선배에게서 일을 배운 프리셉티 후배는 선배의 생각과 말을 들으며 사회를 배웠다. 한 간호사로 독립하기 전에 가장 많은 시간을 보내며 의지하는 존재이다 보니 영향을 웬만해서야 안 받을 수가 없다. 선배가 하루 종일 회사는 이게 문제니 저게 문제니 하다 보면 판단력 없이 무조건 받아들이는 후배 또한 그렇게 성장할 확률이 크다.

심지어, 난 그것을 종종 보면서 저렇게 되면 안되는데 라는 노파심을 자주 겪어왔다. 그래서 나란 사람도 청렴하지 만은 않겠지만, 최대한 그런 후배들로 가득 차거나 그런 일원들로 가득 한 근무 환경을 만들지 않으려고 나를 경계한다. 불편하거나 바꾸고 싶은 것들은 언제든지 말하라 하였고, 후배라는 이유로 먼저 출근해서 선배들 수술 방까지 청소하고 세팅하며 준비를 해 두는 것 또한 하지 말라 하였다.

후배가 그거 하나 하려고 십분 걸리는 일이 나는 설렁 거리면서 3분안에 끝나는 일들 이기 때문이다. 후배도 해보아야 늘겠지만, 본인 것을 빨리 하며 늘리는 것도 충분하다. 서로를 도우며 할 줄 아는 게 많은 것은 분명히 해야 할 일이지만, 남의 뒤치닥 거리를 해 주는 일을 업무라고 가르치고 싶진 않다. 그래야 자기 일 영역에 대한 책임도 생기는 것이다. 돕느라 못했다는 말이 아니라 제 것은 다했습니다. 혹시 제가 그것도 해도 될까요 라며 만들어 주는 게 더 서로에게 윈윈이다.

사람을 이기적으로 만드는 것은 한순간이며, 쓸데없는 일을 시키는 게 아니라 정당한 일을 하도록 하는 구분이 엄청 중요하다. 늘 이 사이에서 난 줄다리기를 했고, 그 부분에서 후배들에게 질문을 많이 해왔다.

이 비슷한 내용을 sns에 올렸더니 댓글 중 하나가 잘해주고 다 해주었더니 날 호구로 알고 그 다음부턴 내가 빗자루 들고 모든 곳을 쓸고 있더라 였다. 여기서 중요한 건 다 해주는 호구가 아니라 대신 맨이 되지 않는 것인데, 역시나 그걸 못하고 있던 것이다. 일의 선을 알려주는 것도 선배의 능력이다. 챙겨서 안고 가야 할 일은 단호하게 책임의 소지를 알려 주어야 한다. 그 구분은 내가 없을 때나 그 사람이 혼자 근무를 한다고 했을 때 꼭 해 야할 것과 나중에 여럿이 있을 때 해도 되는 일 인지를 나누어 보면 1차적으로 쉽게 구분할 수 있다.

그렇게 후배들도 본인만 아는 게 아니라 후배가 들어오면 알려 줄 수 있고, 안아 줄 수 있도록 본보기가 되어야 한다. 사회를 부드럽게 안고 가는 사람이 되도록 하는 게 중요하며, 내가 원하는 방향으로 상대가 따라와 주는 게 당연하지 않다는 것을 알고 시작해야 한다. 그리고, 내가 해봄으로써 적어도 내 앞에서 시늉이라도 할 터이니 내가 보는 세상은 그러한 세상으로 보일 수 있다. 내가 보이지 않는 곳까지 통제하려는 것은 또라이지 않을까?

-선배 길들이기

신규는 회사 생활에 대해 아는 것 보다 기대감이 더 크기 때문에, 자신의 상황을 객관적으로 바라 보기가 어렵다. 워낙 선생님들이 여기 저기서 한마디 씩 거들었기 때문에 그저 내가 벼를 낫 지를 하듯이 쳐 내야 할 존재들로만 보았다. 그러나, 시간이 흐르다 보니 연차에 따라서가 아니라 사람에 따라서 정글에서 재쳐야 하고 그럴 수 있는 엉겅퀴들이 있음을 알게 되었다.

물론, 일로써는 나보다 선배인 사람이 더 잘 알 수밖에 없다. 그러나, 결코 모든 걸 알고 있지 않을 수도 있다. 그런 선배들에게도 배울 점은 있는데, 나이 먹기를 그냥 시간 싸움으로 생각하는 사람들에게 뭘 배울 수 있나 싶겠지만, 그 사람들은 일을 그 모양으로 했는데 아직도 세계에서 살아 남아서 가고 있는 **뻔뻔함**을 배울 수 있겠다.

일단은 내가 일을 잘해야 한다는 것은 기본 인지라 더 이상 말 하지 않겠다. 업무는 시간의 흐름에 따르거나 나아지기 마련이기도 하다. 다만, 적성이라는 것 때문에 일이 안 맞을 수야 있겠지만, 라떼는 해야 하니까 했다를 시전 해 보자면 솔직히 사람이 못할 일은 아니어서 백지장 맞들이 듯이 반복하면 된다. 분명 우리는 못 하는 게 아니라 안 하는 것일 수도 있으니 말이다.

안 되는데요? 라고 할 때, 내 마음속을 두드려 봐라. 하기 싫다던 가 안 될 텐데 라고 미리 단정 짓고 서는 겉보기에만 노력하는 시늉을 한 것이 아닐까? 나도 해봤는데 안 되요 라고 말한 적이 있는데, 그때는 처음부터 다시 해야 한다. 그리고 그걸 기다려 주는 사람을 만나는 게 복이기도 하다. 난 그래서 그 복을 찾아 이직을 한거고, 기록을 갱신 해야만 하는 일이 아니다 보니, 내가 정말 뛰쳐 나가고 싶고, 지옥 같은 곳에서 근무를 하였을 때는 이미 마음 부터가 안된다는 부정의 마음을 지니고 있어서 사단이 난 거라고 생각하기로 했다.

면허와 자격이 주어졌기에 우리가 할 수 있고, 하는 것이다. 하다 보면 하게 되는 게 일이다. 소변 줄 꼽는 거라던가 정맥 주사를 놓는 것, 의사들도 똥손이 있듯이 간호사도 똥 손이 있는 것일 뿐 모두가 사람이 하는 일이기에 부모님들이 처음엔 아기 기저귀를 갈지 못했지만 척척 잘 갈고 분유도 맛있게 타듯이 하게 된다.

내가 이 책을 쓰게 된 시초가 바로 이런 것이었다. 힘들어 하던 신규들을 무척 많이 보았고, 나는 마취과 이다 보니 상담을 편히 걸어오는 스크럽 후배들이 많았다. 나도 신규 때 스크럽 간호사를 하면서 나름의 수모를 많이 겪었기에 더욱이 후배들에게 다독여 줄 수 있는 말들이 많았다.

늘 관두려 할 때, 내가 한 말은 한번 더 해보지 않겠어? 말해주자면, 이상한 사람이 있잖아? 그럼 그 사람을 요리 하는 방법을 연구해봐, 게임처럼 말이지! 너가 지금 도망가면 그런 사람 어디서 든 또 나타날 수도 있다는 불안감을 떨쳐내지는 못할 수가 있어. 이상한 사람 나타날 때 마다, 마음에 드는 회사를 모지리 한 명 때문에 포기할 거야? 난 좋은 조건을 남에게 주고 싶지 않아. 저 사람은 이렇게 하니 먹히네? 내 편이 되네? 그런 재미를 난 너가 알았으면 좋겠어. 지금이 무척 힘들다면 관두는 것도 방법인데, 이 게임은 일찍 시작 할 수록 좋고, 어디서 든 너가 해봤으면 좋겠어. 난 해보니까 갈수록 편하거든.

미안한 부분은 그렇게 말해두고 그 사람은 남고 난 퇴사한 적도 있다. 하지만, 난 사람 때문이 아니라 연봉이나 조건 때문에 관두었다. 나라고 좋은 사람만 만난 것이 아니기에 선배 한 명이 괴상해서 관둔 적이 두 번 정도있다. 그러나 그 속에서도 그 사람이 짜증 났을 뿐 난 커피와 앞길을 위한 열정에 불을 지피기 위해 떠났다. 다른 한번은 멀

쩡한 사람을 바보로 만드는 것을 보며, 굳이 여기가 전부가 아닌데, 내가 선택할 수 있는 곳들이 많잖아? 버려! 였다.

어떤 병원에서는 병원장 님께서 따로 연락 해 보라 셔서 비서 분께서 전화 온 적이 있다. 일 을 잘해주더니 왜 관두었는지 사실을 알고 싶어 한다셨다. 병원 사람들 말로는 내가 마취과가 지겨워서 관둔 거라고 했다 던 데 맞냐고 물어왔다. 내가 한 달 남짓 다녔던 곳인데, 저 지금도 마취과로 바로 옮겨서 일하고 있는데요, 이걸로 설명이 충분히 되셨을까요? 그곳에 한 명이 한 달 동안 해외를 간다고 들었다. 그런데, 마침 그 사람이 수 선생님이 의지하는 사람이더라, 그 사람은 모든 사람에게 독설과 욕설을 서슴지 않았고, 모두가 그걸 알면서도 눈감고 있었다. 거기서 10년만에 대학교 동기를 만났고, 내가 그 사이를 알아차려서 노답 이라고 했더니 상당히 빠른 캐치에 놀랐다고 했으니, 짐작이 확신이 되어 퇴사를 결심했다.

난 많은 시간을 보내야 하는 회사에서 누구의 시녀이고 싶지 않다. 게다가, 욕설을 하는 하찮고 상스러운 사람에게 더 잘 보이고 싶지도 않았으며, 그런 사람을 물고 빠는 수 선생님의 허술함도 배울 게 전혀 없다고 생각했다.

1.뒷담형

늘 쟤는 저게 문제고, 얘는 이게 문제야 그렇지 않니? 라고 하는 사람이 있다. 그런 상사와 순탄 하려면 가장 중요한 것은 나의 빈틈을 보여서는 안되는 것이다. 내 일을 척척하고, 다른 사람을 지켜보는 시야가 있어야 한다. 그래야 그 상사는 얘도 나처럼 뭘 좀 아네? 라는 생각을 한다. 뒷담 형은 본인 스스로를 되돌아보지 않기 때문에 실수 없는 사람은 없다 라는 것을 알 지 못한다. 본인의 실수는 그럴 수 있는 것이고, 남의 실수는 침소봉대 하는 스타일로써 늘 자신은 잘하고 있고, 다른 사람들이 못 따라와 준다고 생각한다. 게다가, 말하는 것까지 좋아하는 푼수라면 100%다.

뒷담하는 사람은 가림이 없다. 그저, 타겟이 정해지면 죽도록 까 내리는 것이다. 잘해도 문제고 못하면 큰 문제인 것이 그 사람의 시각이다. 그런 사람의 눈밖에 난다면 상당히 피곤해진다. 있는 듯 없는 듯 조용히 살고 싶다면, 오히려 그 사람 마음속으로 들어가서 등잔 밑이 어둡다를 시전해야 한다. 그리고 뒷담을 시작하면 나도 맞장구를 쳐야한다.

계속 조심해야 할 것은 나의 빈틈을 보이지 않는 것임을 명심 해야 한다. 저 사람은 일할 때 너무 느려 라고 욕한다면, 그러게요 너무 느려요가 아니라 일할 때 느리면 안되는데~ 라는 말로 동감하듯 빠져나가야 하며, 빠져 나가려는 것을 결코 보여서는 안된다. 나의 등을 보여서는 안되는 것이다. 여기서 하나 곁들이자면, 저도 저렇게 보이는 건 아닐지 걱정 되요 라며 상대를 존중하고 의지하듯 말해야 한다.

그러면, 상대는 말해 줄 것이다. 넌 안 느리지!

2. 아부형

사람들 중에서 유난히 아부 하는 사람이 있다. 이런 성격들은 모두가 각자의 살아남는 생존 방식들이다. 그 차이들을 인정하는 수준을 넘어 분석을 통해 쳐 내어 보자.

아부 형은 보통 일에 대해서는 잘 모르는 경우가 많다. 그러니, 일로 어필 하는 것이 아니라 입으로 먹고 사는 것이다. 머리 잘랐어? 라던가 쌤은 참 그런 걸 잘해~ 오늘 화장이 잘됐네~라며 출근할 때 커피를 사 오기도 하고, 선물 공세를 종종한다. 이런 사람은 자신이 잘 보여야 할 상대를 귀신 같이 알아차리고 구분한다. 이런 사람에게는 내가 병원에서 신임 받고 있음을 보여 주어야 한다. 소위 라인 탄다고 말하듯이 이런 사람들은 라인 타기를 형성하며 즐긴다. 선물을 주거나 칭찬한다면, 고마워요 라는 말을 아끼지 않고 해 주어야 하며 그 말 속에서 중요한 뉘앙스는, 길 지나갈 때 모두가 꽃을 건네주니, 각각에게 고맙다며 손등에 입 맞춰 주다가 길 끝에서 다시 한번, 모두에게 고마워요~ 라며, 손 뽀뽀를 갈기는 느낌으로 고마워 해야 한다. 마치 상대방이 나로부터 은혜 입었다는 느낌 말이다. 그리고, 아부를 특히나 하는 그대에게는 윙크 하나 더 날리는 느낌을 주어야 한다. 이게 회사에서 등급이 있는 것도 아니고 무슨 소리인가 싶겠지만, 이게 먹히는 것을 알면 안 쓸 수가 없다. 상대가 좋아하는 것을 해 주는 것 뿐이다.

3. 청렴결백형

이 유형은 가장 무서운 경우이다. 설렁설렁 입으로 재간을 놀리거나 심리를 다 파악해서 머리 위에서 내가 지휘 하고 싶어 한다는 것과 내가 이런 유형을 파악해서 사람들을 제쳐 나간다는 것을 잘 알고있다. 그래서 상대는 날 늘 예의주시한다. 내가 입만 놀리고, 일을 안 하는 건 아닐 지, 말이 통하더라도 막상 인정 해 주면 기고만장하게 다니는 건 아닐 지, 겸손에 겸손을 주입시키려는 타입이다. 그래서 나만 챙기는 이기적인 사람이 아니라, 리더로서나 모두를 위해서도 널리 이롭게 일한다는 이미지를 주어야 한다. 이런 상대 앞에서는 궂은 일 정도는 내가 하나 맡아서 해주어야 한다. 모두가 하기 싫어 하지만 누군가는 해야 하거나 상대가 약간 누굴 시키고 싶어서 정하려고, 고민을 한다면 내가 먼저 손을 들고서 제가 하겠습니다!를 해야한다. 그러면, 그 사람은 나에게 어느 정도의 이점을 줄 것이다.

4. 툴툴이 형

회사가 어떻니 저떻니 오늘은 버스가 늦게 와서 문제였고, 옷을 얇게 입고 왔는데 추워서 정신이 없었다는 둥 늘 이유가 있다. 늘 심술이 나 있는 사람이라서 무시를 할 수도 있을 테지만, 상사일 때는 무시 할 수가 없지 않는가. 이런 상대는 그러게요를 많이 해줘야 한다. 그러게요, 아이고, 그래서 어떡한데요. 상대의 감정에 우쭈쭈를 해 주어야 한다. 한가지 재밌는 것은 어떤 후배가 이걸 써먹고 있는 것이었다. 한 선배를 우쭈쭈 하고 있는 것을 보고, 난 그 후배가 만만치 않음을 직감했다.

5. 다다다다 형

문제가 생기면 일단 침착하고 보는 게 아니라, 이거 왜 이렇게 했어? 라고 물으면서 내가 입도 떼기 전에 두세 마디를 더 한다. 내가 저번에 이러지 말라고 했던 거 같은데, 또 이랬네 이거 어떻게 할거야? 저럴 수도 없고 이럴 수도 없는데 휴 어쩌지 주저리주저리.. 일단, 이런 사람에게는 해결책을 알더라도 절대 말해서는 안된다. 해결책을 말하면, 그걸 아는데 왜 잘못을 했냐 부터 시작해서 다다다를 잠재울 수가 없다. 다다를 잠재우려면, 일단 쫄은 척, 아니 티를 내야하고 경청을 해야한다. 진심으로 경청할 필요 보다는 내가 경청하고 반성한다는 표정 연기를 기깔나게 해 주길 바란다. 그러면, 그 사람도 누그러지고, 내가 심각 해 하고 있으면 해결책까지도 다다다다 제시 해 준다. 그럼 그때 다다다다 해결한 뒤에 조용히 옆에 가서 감사했다고 마무리에 대한 확인 사살을 함으로써 다다의 감정을 누그러트리면 된다.

우리가 소위 말하는 박쥐라는 스타일이 있다. 저기 붙었다가 여기 붙었다 반복하는 스타일이다. 여러 사람들과 두루두루, 골고루 잘 지내는 것은 좋은것이다. 하지만, 박쥐가 욕을 먹는 이유는, 내가 욕한 사람에게도 붙어서 안심하고 할 말을 할 수 없기 때문이다. 저 사람도 나와 같구나 하는 생각에서 안정감과 안도감이 생겨나고 소유욕이 생기는데, 그걸 불안정 하게 만들기 때문에 욕을 먹는것이다.

박쥐에게서 좋은 점만 추출 해 보자. 그 누구의 말도 들어줄 수 있고, 공감 해 줄 수 있다. 다음으로는, 박쥐가 싫은 이유를 제거 해 보자. 형제가 없는 사람이라면 부모 한쪽을 상상해보고, 형제가 있다면 엄마에게 서로 이르는 자신들의 상황을 생각 해 보면 쉽다. 나도 언니와 동생이 있어서 남동생과 자주 싸우곤 했는데, 뻑 하면 엄마~~~ 얘 좀 봐~~~~를 시전하였다. 그때 엄마는 나의 말도, 동생 말도 모두 들어보며, 우리는 엄마가 최후의 중재자 임을 알고서 생각을 말한다.

엄마는 더 어른이며, 나의 엄마이자 내 앞에 죽도록 혼 구녕 내주고 싶은 아이의 엄마 이기도 하다. 시시비비를 가려 주기에 더할 나위 없는 중립자 이다. 이 말은 회사에서 엄마가 되자는 것이 아니라, 누구에게도 치우치지 않으면서 균등하다는 것이다.

여기서 또 중요한것은, 이러다가 낙동강 오리알이 될 수도 있는데,

엄마처럼 모두가 독차지 하고 싶은 존재여야 한다. 일을 잘 하면서 서로의 입장을 들어주되, 나란 사람은 원칙과 변수 사이를 청렴하게 오가며 주무를 수 있어야 한다. 이런 이미지를 심어주려면, 내 스스로가 판단을 잘해야한다. 아닌 일에는 내 목소리를 낼 수 있어야하고, 모범이 되어야 한다.

추상적인 그래야 한다 라는 설명 대신 예를 들어주겠다. 내가 책에서 누누히 말했지만, 사람을 욕하는 게 아니라 욕먹게 되는 상황만 동조해야 한다. 공감을 해주되, 그 사람에 대한 비난이 아니라 그건 개가 잘못했네 라는 뜻이 베이스가 되어야 하며, 너도 가서 때려가 아니라 그 사람은 어떻게 해야 해결이 될 것 같으니, 너가 요리 해 보라는 식으로 말해주면 된다. 욕을 한다는 것은 본인이 더 맞다고 생각하기 때문이니, 그 마음을 치켜 세워주는 것이다. 이렇게 까지 해야하냐고? 안 해도 된다. 그런데, 해보면 재미있다.

현재 어느 연차에서 이 책을 읽고 있는 지 모르겠지만, 앞으로를 위해서라도, 연차가 많다면 후배들을 통솔하거나 지루한 일상에서 나에게 새로운 흥미와 활력을 위해서 라도 도움이 될 것이다. 난 이런 재미로 이직 할 때마다 사람 공부를 해왔다.

Part 8.
인스타그램 릴스 조회수 100만 이상

-간호사 학벌 (165만)

Lazynurse 본인 계정릴스 발췌: '나의 시작은 전문대 간호과, 졸업 후 1년 뒤, 간호학제가 3년,4년제에서 모두 4년으로 통합됐어요. 그 래서 군대 다녀온 간호과 남사친들이 고민하더라고요? 저는 일찍 졸업을 했던 지라 2년차 때 동갑내기 후배를 만나면서 어떻게 대해야 하나, 내가 알려줄 때 속으로는 무시하는거 아닐까 그런 생각을 하기도 했어요. 그래서 부랴부랴 일하면서 방통을 땄고 그 뒤로 면접때 4 년제라고 거론을 해 주고 인정을 해주데요? 간호사로 미안한 건 서울대 간호학과를 나오나 전문대였던 저나 같은 간호사라는 거지만 그 친구들의 영역은 또 다릅니다. 기업이나 연구를 하기도 하고, 대학병원에서 승진을 하고요. 물론 페이도 다를 겁니다. 일원화가 되면서 바뀐 건 예전에는 거들떠도 안 본 곳들이 이젠 모두가 서로 가려 한다거나 인력의 퀄리티가 올라갔어요.간호사에게 학벌이 좋다는 건 폭이 넓어지고 좀더 몸이 덜 고생할 수 있다는 건데요. 그럼에도, 저처럼 학벌이 부족해도 간호사는 기술로 일하는 직업인지라 월급으로 보면 상향 평준화가 되어 있다는 거에요. 고액연봉자는 아니지만, 받을 수 있는 연봉의 스펙트럼이 넓어요. 그래서 제 동기들은 병원, 대학교, 대기업, 외국계 기업에서 우연히 일해 본 경력도 갖추면서 졸업 이후에 커리어도 쌓고 있어요.' 조회수 167만을 기록했고, 계속 갱신되고 있다. 댓글은 161개, 좋아요 1,800개, 공유 776개 이다.

이 릴스에 달린 댓글은 만학도 분들께서 나이 마흔이나 쉰에 간호학과를 진학하는 게 어떤것 같냐고 묻는 분들이 계셨다. 나의 답은 나는 하고싶은건 하는 편이고 이미 학비라던가 다른 뒷받침은 준비 되어 있으니 하시려고 하는거 아닐까라는 계산에 응원한다고 했다. 대신에 취직할 수 있는 분야는 한정적이라고 했고, 페이도 높은 수준으로 받기가 힘들 거라고 했다. 이에 따른 답변은 비추천한다는 내용도 있었는데, 간호사가 된다고 해도 잘 써주지 않을 거라는 게 일반적인 반응이다. 아마 간호사 근무 자체가 체력적으로 업무 강도가 높다보니 힘든 현실을 반영해서 말한 거라 생각된다. 맞는 사실이고, 단순히 직업 하나 해 보려 한다의 차원으로 시작하기에는 아웃풋이 큰 벌이가 되는 것도 아니어서 자기 만족에서 원하는 바가 무엇인 지를 정확히 알고 가야 한다.

우선적으로 이 릴스를 만든 의도는 나처럼 학교가 좋지 않아도 병원에 취직해서 간호사로서 잘 살아가고 있으니, 나와 같은 학교 네임이 좋지 않은 간호사라도 잘 풀어나갈 수 있다고 쓴 것이다.

그리고 가장 많이 댓글이 달리거나 디엠으로 까지 온 내용 중 하나는 본인이 전문대를 다니고 있는데, 그렇게 4년제 대학교와 차이가 많이 나냐는 것이다. 여기서 내가 릴스를 만들 때 간과한 게 있구나, 너무 나의 입장으로만 만들었나 싶었다. 나는 09학번이기 때문에 전문대 간호과 라는 것이 2-3년제 학교인 것만 의미하는 게 아니라, 학사가 아닌 전문학사로 3년 동안 다니는 곳이다. 내가 졸업 하고서 간호학과가 3-4년제 상관없이 모두 4학년을 다녀야 하는 것으로 빠졌기 때문에 전문대라는 학교 간판이라고 할 지라도 모두가 4년제 커리큘럼으로 수업을 받고, 4년제 학사로 졸업을 한다.

그래서 현재는 전문대라서 취직이 덜 된다기 보다는 입시 처럼 서연고서성한 이러한 순서가 있듯이 학교 자체만의 매겨진 순위에 따라 차이가 있을 수는 있으나 전문대라고 해서 무조건 취직에 불이익이 있는 것은 아니다. 나 때는 적십자대학이 있었는데, 현재는 중앙대로 합병 통합이 되었고, 그 당시에도 입학 점수가 높았다.

가장 중요한 물음은 연봉인데, 물론 차이가 없다. 나 때는 전문학사와 학사 둘 다 있었기에 호봉에서 차이가 있었고, 그게 연봉의 차이로 이어 진 것이지. 현재 졸업자들은 모두 학사이니 연봉에서 학벌로 차이는 전혀 있을 수가 없다. 오로지, 더 돈 많이 주는 병원과 덜주는 병원으로 나뉘기에 성적 관리가 중요하다고 볼 수 있겠다. 그리고 학벌이 좋지 않다 해도 길은 다 있다고 말한 것을 서울대와 같은 간호사라고 동급인 줄 아냐는 희한한 댓글도 달렸다. 캡션에는 직업 자체는 같은 간호사지만 활동 영역이 다르다고 써 있었는데, 엄한 댓글들이 달리는 걸로 봐서는 국어 이해력이 부족한 사람이 쓴 글이라서 무시할까 싶다가도 나의 간호학과, 간호사 후배들이 주눅들지 않길 바라며 대댓글을 달아주었다.

요즘 간호학과가 불취업이라고 하는 이유는 대학병원에서 전공의들이 많이 나와서 존폐 위기에 놓인 것도 있고, 간호학과 정원을 늘린 이유도 있다. 그러나, 현실적으로 간호사를 늘 모자르고 채용 공고는 뜨겁게 올라오고 있다. 늘 간호사들을 원하며 어디를 나왔든 간호사 면허가 있다면 간호사로 밥벌이를 할 수가 있다.

-간호사의 연봉계산법 (114만)

Lazynurse 본인 계정릴스 발췌: '신기했다. 용돈에서 월급으로 바뀌는 찰나 그 뒤 부터는요 이직했는데, 연장 근무는 많았지만 27살에 315만 원이 통장에 찍히는 거예요. 그 때부터 제 계산법은요 27살에 310만 원 = 앞에 두자리 수만 보면 31이죠? 내 월급은 31살이네? 30살에 340만 원? 와 내 월급 나이는 나보다 네살 더 많아! 이 맛으로 제 월급 나이 올리기에 재미를 붙였습니다.' 조회수 115만을 기록했고, 계속 갱신되고 있다. 댓글은 51개, 좋아요 919개, 공유 227개 이다.

늘 내가 생각 해 온 계산법이고, 내가 더 벌려고 하고 이직 하게 된 나만의 객관적인 듯 한 주관적 지표이다. 댓글들 에서는 현타 온다던가, 자신이 이 정도 받는데 잘받는거죠? 라는 댓이 있었는데, 다른 직업군이라서 내가 뭐라 답을 해줄 수가 없었다. 직업의 범위가 워낙 광범위하고 억대 연봉자들도 있으니 말이다. 그래서 어디까지나 내가 나에게 적용할 수 있고, 간호사들에게 적용 해볼 법한 수치이다. 교대 기준이냐는 물음이 있었는데, 내가 상근직이기 때문에 그 변수를 전혀 고려하지 못했다. 그러나, 교대 근무가 된다면 나이트 수당이 붙기 때문에 당연히 본인 나이보다 많아야 하는 게 내 계산법에서 추산 되는 수치가 되지 않아야 하나 생각된다.

수도권 쪽은 지방보다 높냐는 물음도 있었는데, 내 기준 내가 살아오고 일해 온 현장 경험으로는 그러하다. 지방으로 내려 갈수록 덜 주고, 경기도 보다 더 주는 곳이 강남권이다. 그래서 내가 경기도에 잠시 1년 반 동안 근무를 하고 서울로 돌아 온 이유도 그러하다. 심지어, 예전에 경상도 대학병원에 다니시는 분과 디엠을 나누었는데, 교대를 하여도 300을 못 받는 다고 하였다. 내 비교군이 많지는 않거니와 내 경험담을 풀어 놓는 거니, 내가 10년 동안 알고 있는 사실에는 오류가 있을 수 있으나, 궤도를 벗어난 이야기는 아닐 것이다.

재미있는 것은 11년차 간호사 연봉이라고 올렸는데, 다른 직업부들이 여럿 올리셨고, 연봉이 높았다. 어쩌라고 싶었고, 워낙 많은 악플들이 달려서 그 사람들의 의도는 나 잘 벌어로 보였다. 왜냐면 그러느리 하는 사람들은 생각만 하고 마는 것이 보통인데, 굳이 댓글을 달

앉다는 것은 본인 생각을 피력하고 싶다는 뜻이기 때문이다. 그저 잘 버시네요, 대단합니다 라고 내가 해줄 수 있는 말은 더이상 없다. 좋게 생각하면, 간호사가 아니라 간호사가 될까? 고민하는 고등학생 분들이나 자퇴를 하고 다른 걸 해볼까 싶은 간호학과 학생 분들이 보면 세상의 현실을 알 수 있는 댓이지 않을까 싶기도 하다. 대신에 알아두어야 할 것은 간호사 연봉은 고액 연봉자가 아닐 뿐이고, 일하는 것에 비해 많이 받는다고 생각할 수도 없는 연봉이지만, 결코 대한민국 청년 평균 임금에서는 평균 위에 턱걸이를 하고 있다. 내 연봉 수준이 궁금하다면 가장 참고하기 좋은 것이 청년을 상대로 하는 대출조건이나 청약 조건등의 수치이다. 늘, 내 연봉이 그 기준을 넘었다는 것은 정부에서 보수적으로 봤을 때 그래도 넌 안 도와줘도 모으면 할 수 있는데, 못 모아서 써서 그렇잖아라고 시사하는 것이다. 물론, 최저임금이나 물가인상 대비 연 봉인상률이 비례하지 못하는 오류가 심하게 있지만 말이다.

-면접 전 전화 만으로 병원 거르는 방법 (310만)

Lazynurse 본인 계정릴스 발췌:

'아니~ 얼마보고 오셨는데요? 아직 연차 어린 분들은 어려우실 수 있겠지만, 저장해 뒀다가 써먹으세요. 일단, 저는 이직할 때 연봉 띄우러 가는데요. 제가 원하는 연봉이 딱 있어요.

병원:안녕하세요~

나: 아~~ 어머 넵넵 안녕하세요 (깍듯)

병원: 네~ 면접 언제 오실 수 있나요?

나: 일하고 있어서요. 주말 될까요.

병원: 되고 말고 주절주절 그럼 몇 일에 봐요~ 나: 감사합니당! 아 근데 혹시 연봉 알 수 있을까요?

병원특: 그건 와서 이야기 해요~

나: 넵 실례지만 제가 지금 연봉 50원 주는 곳을 찾고 있어서요. 그 아래로는 지금이랑 차이가 없어서 괜히 시간 들이실 거 같아서 여쭈어 봅니다. (공손공손)

병원; 아, 우리 경력직도 그만큼은 못 받아서 (꼭 그럼) 미안해요 그 이상은 힘들지 않을까~~~?.? (응~ 못주고~ 그냥 오면 안 될까)

나: 아, 네 알겠습니다.

병원: 그럼 그날 뵐게요

나:아, 철회하겠습니다. 감사합니다.'

이렇게 캡션을 달고 올린 것이 조회수 310만을 기록했고, 계속 갱신되고 있다. 댓글은 141개, 좋아요 3,285개, 공유 2,135개 이다. 맞다고 본인도 그렇게 한다고 공감하거나 이렇게 똑부지러지게 했어야 했다면서 정리해서 말해야 겠다는 댓글이 다수였으나, 다른 직업군이 요즘 구인 사이트가 많은데 거기서 정보를 미리 알고 지원을 해야지 스마트하지 못하다고 달아둔 댓글이 있다. 전혀 간호계를 몰라서 하는 말인데, 늘 댓글을 보면은 10년차 간호사가 간호계 글을 올리는데 다른 직업군에서 아니다 라고 하는 반응들이 어처구니가 없다. 그저 가르치려고 하는 태도가 무례해 보이기까지 하다. 또한 한곳에 머물거나 이직을 덜 한 사람이 높이 올라가 있다고 하는 댓도 있었는데, 맞는 말이지만 그 댓의 의도는 니가 그렇게 잘나서 가려봤자 넌 승진

못해로 보인다. 그 분야는 어떨지 몰라도, 간호사는 은근히 경력자가 귀하다. 보통 연차가 쌓이면 어디로 가는 지 모르겠으나 사람이 피라미드 구조처럼 경력자가 없다. 그래서인지 내가 업무 강도가 센 병원들만 다녀서인지 난 늘 금방 승진 대상자가 되었고, 승진을 하였다. 이 부분에서도 집고 넘어갈 곳이 대학병원이 아닌데 강도가 뭐가 높냐 하겠지만 수술이 하루에 40 케이스가 있다. 마취과 간호사는 5-8명을 왔다갔다 하는데 그럼 한 명당 하루에 10케이스는 기본으로 했다는 뜻이다. 내가 다닌 척추관절 병원은 수술 하나에 아무리 짧아도 1시간 반 정도이며 길게는 네시간을 넘는 것이 허다하다. 그걸 하루 근무 시간 안에 해내려면 어찌 돌아가야 하는 지는 설명이 필요하지 않을 거라 생각한다. 널널하게 일 시키며 용돈 벌이나 해가라는 회사는 없다. 심지어 나는 이직할 때 마다 연봉을 더 주겠다고 해서 옮겼다. 옮기려는 이유도 그러 했다. 첫 이직은 대학병원에서 로칼이라 일컫는 척추관절병원에 면접을 보았는데, 내가 2년 차 9월달에 면접을 봤고 3년차 연봉부터 줄 테니 대신 내년에는 연봉 인상이 없다는 조건으로 일찍이 연봉을 더 받고 시작했다. 스크럽을 했었으니 스크럽으로 지원했으나, 입사 일주일 전에 미안한데 마취과로 가줄 수 있냐고 전화가 와서 감사하다며 답했고, 그렇게 난 마취과 간호사가 되었다. 그 뒤로도 다니던 곳에서 더 준다던데요 하면 얼만데? 우리가 더 줄게라고 하여 옮겼다. 그러니 내가 책을 쓰고 있지 않겠는가 흔하게는 모르는 사실을 갖고 있고 현실로 겪었으니 말이다.

　또 다른 댓은 아무리 엠지지만 연봉을 면접으로 보기도 전에 전화로 하다니 대단하다는 것인데, 마취과로 일을 하게 됐을 때도 그랬고, 그 뒤에 로칼 병원들 모든 면접이 오라는 게 탈락의 면접이 아니라 일하기 전에 얼굴이나 한번 보자는 의미의 면접이기 때문에 난 늘 헛걸음 할 것 같은 조건인 곳은 가지 않았다. 간호사 구인 사이트에서는 이력서를 저장 해 두고 지원버튼 하나만 누르면 입사 지원이 끝나는 시스템이다. 그래서 공고를 보고 괜찮아 보이면 다 클릭, 클릭 한다. 그래서 더욱 골라갈 수 있으며 수많은 곳에서 연락이 오는데, 구인 사이트에 적어 둔 최대 연봉은 도대체 20년 차 30년 차의 연봉인가 싶을 정도로 실제로는 낮은 급여를 주는 곳도 여럿있다. 그나마, 적어 둔 연봉이 높게 측정되어 있으면 낮은 곳보다는 양반이라 할 수 있지만 그렇다고 해서 높게 써둔 곳이 절대적으로 잘 주는 곳은 아니다.

　그 다음 댓은 자본주의 돈 좋아할 거면 사업을 하고, 월급 받으면 정해진 거 받으면 되지 멀 더 달라고 떼쓰냐 였다. 휴, 모르는 양반아 난 늘 병원에서 더 줬어요. 첫 이직에서도 내 윗 연차의 연봉으로 주었고 그곳에 3년 다녔더니 연봉 인상이 확 되었으며, 다른 곳에서는 절대 이 연봉을 말하지 말라면서 입조심 시킬 정도로 테이블 무시하고 줬다고 말한 곳도 있다. 말로 오고 간 것을 인증을 할 수는 없으니 이게 허위 사실이라면 난 경찰서에 내 이메일에 일하는 10년 동안 모아 둔 급여명세서를 제출 할 수 있고, 그 회사에 그 당시 연봉 테이블과 대조할 수 있게 경찰 조사에 임할 수도 있다. 더 달라고 요구하는 것이 노조이다. 물론, 연봉만이 아니라 복지라던가 업무환경 개선을 요구하는 역할도 있다. 내가 이 댓글에 답을 한 내용은 '무슨 소리야 최저시급을 사업자들이 올려? 병원에서 돈 더주겠다고 오라고 해서 정해진 테이블보다 많이 준다는 둥 다른 사람한테 알리지 말라길래 거기 퇴사하고 몇년 지나서 말하는 건데, 사실적 근거로 말하는 건 떼가 아니지' 이다. 댓글들을 보면 각자 자기가 살아온 세상의 틀에 갇힌 말들이다. 그래서 그 사람에겐 나의 이야기가 불가능하고 얼도당토 않는 말로 비춰지는 것이다. 안 되면 되게 하라라는 말이 있고, 나는 내가 다니면서 요구할 수 있는 것은 늘 말하는 편이다. 그리고, 그만큼 대우받도록 일을 해내는 것은 나의 가치를 높이고, 회사도 등가교환 할 수 있도록 나를 만드는 것이다. 늘 터무니 없이 돈만 더 달라고 한 적은 없다. 입사 전에는 기본으로 밥먹는 시간에도 일하고 토요일에도 나오니 그 시간을 다 인정해 줘서 연봉을 주겠다는 곳이 있었는데, 그 연봉이 받던 것 보다 작았음에도 병원 규모가 커서 갔더니, 그 연장근무는 평일에 무한정으로 연장근무를 한 시간을 포함 했을 때 가정해서 그만큼 나올 것이지 내 본연봉이 아니었다. 즉, 우리 연봉 3원 줄게요는 정규 시간 이외에 하루에 2-3시간씩 근무 하면 내 통장에 찍힐 금액이었지. 내가 정규 퇴근 시간에 간다면, 연봉계약서에 적힌 금액인 2.5원이었다. 이것이 병원의 말장난이다. 그리고 다른 곳은 일하러 갔더니 퇴직금 포함해서 그 연봉이었다고 했는데, 요즘은 퇴직금을 제외 한 연봉을 알려주는 추세이고 그 때도 내가 재차 물었을 때 퇴직금 빼고 그 금액이라 해서 갔더니 말 바꾸는 곳이 있었다. 계약서를 입사 전에 쓰는 것이 아니라 입사 후에 쓰다보니 그 사이에 말장난을 하고 계약서를 내미는 것에 무슨 수로 당하지 않을 수가 있을까. 정말로 비열한 곳이 많다. 노무사나 변호사를 데리고 만들어 냈다는 계약서는 어디까지나 회사에 유리하도록 노동법과 법의 사각지대를 잘 노려서 쓴 것들이다. 그러니, 입사 전에 반드시 확인하고 계속 두들겨야 하는 것은 당연하다.

출판소감문

간호사를 그만두고 싶다는 마음으로 10년을 사투하며 살아왔습니다. 도전의 연속이었고, 항상 "또?"라는 말을 들어야 했기에 간호사를 포기하다시피 했던 순간도 있었습니다.

인스타그램에 의도치않게 올린 영상이 하루에 조회수 1만, 일주일에 4만이 나왔습니다. 그때만해도 어쩌다 올랐나보다 생각했고, 뜬금없이 이사 후에 인테리어를 찍다가 방백의 릴스를 올린 것이 20만뷰가 나왔습니다. 그때부터 재미를 붙여 만들어 나간 게, 1년 동안 전체 조회수 2,200만을 기록했습니다.

릴스를 시작한 지 5개월 째에 출판 제의를 받았고, 1차 원고가 마감될 무렵에는 글쓰던 시간을 블로그로 옮겨 몇 년만에 다시 시작했습니다. 두 달 만에 스케줄을 가지치기 해야 했고, 제 시간에 맞추어 업체들을 조율하고, 계정으로 제안들을 받고 있습니다. 두 가지가 시너지를 갖더니, 현재는 릴스 제작 지원비와 광고비를 제시 받고, 선택하는 입장이 되었습니다.

이 긍정적인 피드백은 불과 1년의 시간 동안 일어났지만, 유튜브를 해 보았기에 릴스를 자연스럽게 제작했으며, 다양한 도전을 이어왔던 10년의 노력이 있었음을 강조하고 싶습니다.

세상의 이치보다는, 조직의 문화가 더 중요시 되는 간호사라는 직업을 가지며, 더욱이 이상하게 물들지 않으려, 인문학을 읽었고, 다양한 경험들 또한 큰 자산이 되었습니다.

책 한 권을 통해 제가 살면서 부딪히며 배워 온 노하우들을 공유할 수 있어 감사하고 행복합니다. 간호사로서 경험했던 고난과 갈등, 한 사람의 성장 과정은 외로운 여정이었습니다. 하지만 이 책을 읽는 독자들에게는, 다양한 사람을 배우기에 좋은 교과서가 될 수 있음을 확신하며, 외롭거나 막막함을 덜어내고, 마음고생 없이 더 수월하게 성장하시길 진심으로 바랍니다.

저는 앞으로도 깨닫게 되는 것들을 지속하여 풀어나가며, 늘 도전할 것입니다. 이것저것 집적거리는 것이 아니라, 시도이며, 축적되는 게 맞았으니까요. 또한, 20대때 내 나이 60이 되면 책 한 권 낼 수 있는 사람이되고자 했던 것이 앞당겨진 35세에 쓰게되다보니, 용기와 생각하면 이루어진다는 믿음도 갖게 되었습니다.

끝으로, 1년 넘도록 책 쓰기에 몰두하며 오로지 저 자신에게만 시간을 쏟는 동안, 저를 묵묵히 지켜주며 응원해 준 친구 한승훈과 마정화 선생님께 깊은 감사의 인사를 드립니다. 또한, 간호사를 꿈꾸는 분들에게 제 생각이 전달될 수 있도록 소중한 기회를 주신 "생각의빛" 출판사에도 진심으로 감사드립니다. 무엇보다, 책이 완성되기 전에 영면에 드신 아버지께 더 멋지고 뿌듯한 둘째 딸로 살아가겠다고 다짐하며, 이 책이 그 약속의 첫 걸음이 되었음을 전하고 싶습니다.

이 책을 통해 제 고난과 성장이 누군가에게 용기와 위로가 되길 바랍니다. 간호사로서의 지난 시간을 넘어 새로운 도전을 이어가는 여정에 여러분도 함께 해주시길 바랍니다. 감사합니다.

간호사, 내 길인 줄 모르고 11년

초판 1쇄 발행 | 2025년 2월 17일

지은이 | 김애림
펴낸이 | 김지연
펴낸곳 | 생각의빛

외주편집 | 김주섭

출판등록 | 2018년 8월 6일 제 406-2018-000094호

ISBN | 979-11-6814-102-5(03190)

원고 투고 | sangkac@nate.com
블로그 | blog.naver.com/sangkac

* 값 18,900원